Axel Klingenberg

Das wird man ja wohl noch sagen dürfen!

Wie Deutschland verblödet

Edition The Punchliner

Axel Klingenberg
Das wird man ja wohl noch sagen dürfen!
Wie Deutschland verblödet

Umschlaggestaltung: Karsten Weyershausen
Satz/Layout: Andreas Reiffer
Lektorat: Manja Oelze

1. Auflage 2015
© Verlag Andreas Reiffer

Druck und Weiterverarbeitung: CPI books, Leck

ISBN 978-3-945715-23-9 (Print)
ISBN 978-3-945715-30-7 (Ebook)

Verlag Andreas Reiffer, Hauptstr. 16 b, D-38527 Meine
www.verlag-reiffer.de
www.facebook.com/verlagreiffer

»Nicht allein der mordet, der die Handgranate wirft. Auch der, der die Atmosphäre schafft, in der so etwas möglich ist.«

Kurt Tucholsky

Inhalt

Vorrede 7
Gebrauchsanweisung für Rechtspopulisten 14

Die Wiedervereinigung 18
Geschichtsklitterung 24
Fußballpatriotismus 34
Patriotische (Pop-)Kultur 39
Nation und Religion 60
Bevölkerungspolitik 72
Geschichtsvergessenheit 78
Die deutsche Teeparty 95
Persil für alle 118
Israelkritik 124

Literaturverzeichnis 150
Quellennachweis 151
Autorenvita 158

Vorrede

Den Anstoß zum Schreiben dieses Buches gab das Aufkommen der Pegida-Bewegung im Herbst 2014. War schon vorher zu spüren, dass sich in Deutschland Positionen breitmachten, die mit Kategorien wie nationalistisch und rassistisch nur sehr unzureichend beschrieben sind, schien dieses diffus rechte Gedankengut nun gesellschaftsfähig geworden zu sein. Zumindest deutete sich so etwas wie die Entstehung einer reaktionären Graswurzelbewegung an – eine Bewegung, die zwar unzweifelhaft konservative Züge trägt, doch bemüht ist, sich vom Rechtsextremismus alter Prägung zu distanzieren, und sich daher vielmehr auf Aufklärung, bürgerliche Freiheiten und Toleranz beruft. Nicht ohne allerdings vor Bündnissen mit Gruppen mit neofaschistischem Hintergrund zurückzuschrecken oder Einzelpersonen aus diesen Kreisen in ihr Netzwerk einzubinden.

Dass fast gleichzeitig mit Pegida auch die Hooligans gegen Salafismus (HoGeSa) schlagartig auf sich aufmerksam machten, ist daher so zufällig wie folgerichtig. Beide Gruppierungen sprechen sich ausdrücklich gegen eine wirkliche oder vermeintliche Ausbreitung des Islams in Deutschland beziehungsweise in Europa aus. Die Hooligans wissen dabei immerhin noch zu differenzieren, indem sie sich ausdrücklich gegen den Salafismus aussprechen, also einer extremen Variante dieser Religion, indes Pegida den Islam als solchen zu stoppen versucht. Während die Hooligans allerdings kaum darum bemüht sind, sich von rechtsextremen Positionen zu distanzieren, versucht Pegida dies zumindest verbal durchaus. Allerdings mit geringem Erfolg, da ihren Führungskräften doch immer wieder peinliche Ausrutscher passieren, indem sie wieder einmal in den sozialen Netzwerken über die Stränge schlagen und sich über das »Viehzeug«, »Dreckspack« und »Gelumpe«[1] echauffieren, das nach Deutschland gekommen ist. Unfreiwillig entlarvend ist dabei die Rechtfertigung Lutz Bachmanns, der sagte, dass er diese Worte gewählt habe, weil »jeder, wirklich jeder von uns sie schon einmal am Stammtisch benutzt hat«[2]. Das wird man ja wohl nochmal sagen dürfen!

Allerdings wehte schon vorher ein etwas muffig riechender »Wind of Change« durch das Land. Wann hat das angefangen, dass patriotische Positionen in Deutschland wieder zum Gemeingut geworden sind? Waren diese überhaupt jemals verschwunden?

Blenden wir zurück in die Stunde Null, in den Mai 1945, als Deutschland vor den alliierten Streitkräften kapitulierte. Diesmal überließen die Westmächte Deutschland nicht sich selbst (den Fehler hatten sie im 1. Weltkrieg begangen), sondern sorgten selbst dafür, dass aus dem autoritär regierten Reich ein Staat mit demokratischen Strukturen wurde. Und auch im Ostteil schuf die Sowjetunion Vorkehrungen, damit aus der Besatzungszone kein neues Preußen wurde.

Doch konnte man Deutschland nicht alles nehmen – ohne Vaterlandsliebe ist kein Staat zu machen – und so bemühte man sich auf beiden Seiten der Elbe darum, historische Kontinuitäten zu konstruieren. Im Westen grünte in Heimatfilmen die Heide und im Osten marschierten Soldaten im preußischen Stechschritt. Armeen gab es bald wieder in beiden Landesteilen.

Und hüben wie drüben rannte man um die Wette zum Platz an der Sonne, maß sich also in sportlichen Kämpfen. Der Medaillenspiegel bei internationalen Wettbewerben könnte vermuten lassen, dass die DDR dabei die Nase vorn hatte, doch den Westdeutschen reichte ein einziger großer Sieg. 1954 wurde Deutschland Weltmeister. »Wir sind wieder wer!«, jubelte man und freute sich über das Wirtschaftswunder.

Aber jener 8. Mai 1945 war in der Tat ein Tag der Befreiung, sowohl für die Länder Europas, die nun endlich gemeinsam die Wehrmacht besiegt hatten, als auch für Deutschland selbst, in dem die Nazis ihre Regierungsämter abgeben mussten. Wohlgemerkt: Die Deutschen selbst hatten nicht viel dazu beigetragen – es gab weder Partisanen noch eine wirkungsmächtige Widerstandsbewegung, dafür aber eine überwältigende Zustimmung für die Nationalsozialisten. Erst die sich abzeichnende militärische Niederlage hatte Teile des deutschen Establishments – Offiziere und Adlige – dazu gebracht, sich des Führers entledigen zu wollen.

Der 20. Juli 1944 musste daher in den nächsten Jahrzehnten in Westdeutschland immer und immer wieder als Beispiel für den deutschen Antifaschismus herhalten. Ein Antifaschismus wohlgemerkt, der keine demokratische Legitimation besaß. Und ein Antifaschismus, dessen Ziel es war, nach dem Attentat bei Friedensverhandlungen mit den Alliierten das Beste für Deutschland herauszuholen. Auch in Ostdeutschland bastelte man aus der »Selbstbefreiung« des Konzentrationslagers Buchenwald einen antifaschistischen Gründungsmythos, bei dem die Leistungen der Kommunisten besonders herausgestellt wurden.

In Ost und West bemühte man sich also darum, den jeweils eigenen Staat antifaschistisch zu legitimieren. Was die schöne Nebenwirkung hatte, dass auch der Nationalismus gezähmt wurde: in der DDR in der Form eines Internationalismus (der sich vor allen Dingen auf die sozialistischen Bruderländer bezog), in der BRD als angenehm unterkühlter Verfassungspatriotismus.

In beiden Staaten schwelten währenddessen unter der Oberfläche nationale Emotionen. Wie schnell aus dieser Glut ein Feuer werden konnte, sollte sich 1989 zeigen, als während der »Friedlichen Revolution« die Parole »Wir sind das Volk« zur populärsten überhaupt wurde. Lag die Betonung anfangs noch auf »Wir«, schienen sich schon bald kleine Modifikationen anzubahnen, denn bald meinte diese Parole: »Wir sind *ein* Volk.« Und als deutlich wurde, dass die BRD doch kein Schlaraffenland war, wurde hieraus: »Wir sind *das* Volk«. Beim Gewinn der Fußballweltmeisterschaft 1990 brachen vollends alle Dämme. Dass Deutschland ausgerechnet im Jahr der Wiedervereinigung Weltmeister wurde, kann man durchaus als symptomatisch für das Selbstbewusstsein des geeinten Landes ansehen.

In den nächsten Jahren eskalierte die nationale Euphorie, in dem sich in den neuen Bundesländern (zum Teil aber auch in den alten) eine nationalistische und rassistische Massenbewegung herausbildete, die sich unter anderem in Pogromen gegen Flüchtlinge und in der Schaffung von »No-go-areas« für Linke und Ausländer äußerte. Da gleichzeitig eine mediale Kampagne gegen das Asylrecht stattfand (an der sich auch alle etablierten Parteien beteiligten), haben diese Jahre auch nicht zu leugnende Schattenseiten, zumal Deutschland sich nun auch an Militäreinsätzen zu beteiligen begann und soziale Mindeststandards aushebelte. Immer mit dem Hinweis auf die Sicherung des Standorts und unterfüttert mit der Behauptung, dass der Kapitalismus gesiegt habe, das Ende der Geschichte gekommen und es keine Alternativen mehr gäbe zur herrschenden, zur realen Politik. Dabei bildete sich ein bizarrer Kult um die Arbeit, der in einem scharfen Gegensatz dazu stand, dass die Produktionskräfte immens gewachsen waren, und es daher hätte eigentlich so sein müssen, dass Lohnarbeit immer weniger wichtig ist. Dem ist – der neoliberalen Ideologie sei Dank – jedoch keineswegs so. Stattdessen verschärften sich die ökonomischen Konkurrenzkämpfe, die durch die Privatisierungen und die Abwicklung der DDR-Wirtschaft noch verstärkt wurden.

Dies führte – verstärkt durch eine Auflösung der traditionellen Familien – zu einer Individualisierung der Menschen, die, so meine Vermutung, durch die Wiederentdeckung konservativer Deutungsmuster und Zusammenhänge scheinbar aufgehoben wird. Die herkömmlichen und tatsächlichen Gemeinschaften – Klassen, Konfessionen, Stadtviertel und Dörfer – werden durch imaginäre ersetzt und es erfolgt eine Rückbesinnung auf die vermeintlich heile Welt, auf Heimat, auf die Nation und auf die Religion mit einem zum Teil sehr diffusen Gottesbegriff.

Die Linke – die bis in die 80er-Jahre hinein die intellektuelle und kulturelle Avantgarde bildete – ergibt sich seitdem in Rückzugsgefechten. Auch wenn es bisweilen anders wirkt, weil links-liberale Positionen tonangebend zu sein scheinen, muss man zumindest einen Verlust an intellektueller Substanz konstatieren. Der Kommunismus hat historisch versagt, ist an seiner ökonomischen Erfolglosigkeit und seiner Inhumanität gescheitert. In diese Lücke stoßen nun rechte Bewegungen und Organisationen wie Pegida und die AfD.

Diese Auseinandersetzungen dürften für das politische Klima in den nächsten Jahren in Deutschland mitbestimmend sein.

Im Folgenden versuche ich mich an einer kaleidoskopartigen Standortbestimmung dieser neuesten Rechten – und gleichzeitig an einer Widerlegung einiger ihrer Thesen, Theorien und ideologischen Versatzstücke. Natürlich sind diese gesellschaftlichen Bewegungen nicht kohärent und nicht wenige ihrer Vertreter würden sich weigern, mit anderen in einem Atemzug genannt zu werden. Ich hoffe, dass es mir gelingt, diese Unterschiede (aber auch Gemeinsamkeiten) herauszustellen. Gleichzeitig möchte ich zeigen, dass sich auch die hiesige Populärkultur in einer Phase des Niedergangs zu befinden scheint, die gekennzeichnet ist durch Verflachung und den Rückbezug auf konservative Werte. Hier entsteht eine gefährliche Wechselwirkung zwischen Kultur und Politik, deren Ergebnisse noch gar nicht einzuschätzen sind.

Auffällig ist übrigens, dass sich Deutschlands Neokonservative als Querdenker aufspielen – und doch nur das sagen, was schon immer falsch war und auch durch die hundertste Wiederholung nicht richtiger wird. In diesem Buch habe ich nun die dümmsten, dürftigsten und düpierendsten Aussagen der nationalen Autoren und Ideologen von Sarrazin bis Pirinçci und ihrer deutschtümelnden Anhänger von der AfD bis Pegida gesammelt, und sie genüsslich auseinander genommen und so wieder zusammengesetzt, dass klar wird, warum die lustigen schwarz-rot-goldenen Sombreros der Party-Patrioten und D-Mark-Nostalgiker doch nur alte Aluhüte sind, die auf den Müllhaufen der Geschichte gehören. Ergänzt werden diese intellektuellen Vivisektionen durch zusätzliche Zwischenrufe.

Es bleibt mir nun nur noch, Ihnen viel Spaß beim Lesen zu wünschen!

Gebrauchsanweisung für Rechtspopulisten

Eigentlich ist es ganz einfach, ein Rechtspopulist zu sein. Denn das Schöne ist, dass man sich als solcher in seiner Argumentation nicht an Fakten zu halten braucht. Es reichen ein paar gesunde Vorurteile. Motto: Die Realität wird generell vollkommen überbewertet. Dass Griechenland von der europäischen »Stabilitätspolitik« in den Ruin getrieben worden ist und Unternehmen in die Pleite privatisieren beziehungsweise für ein Butterbrot verscherbeln werden mussten, was dazu führte, dass Millionen Menschen völlig sinnfrei in die Armut getrieben wurden, sind zwar Fakten, die jeder wissen könnte, der sich ein bisschen mit diesem Thema beschäftigt, die aber in Wirklichkeit keine Sau interessieren.

Behaupten Sie einfach, die Verschuldung Griechenlands läge daran, dass »der Grieche« nicht nur faul, sondern auch gierig ist. Die BILD-Zeitung macht es vor. »Griechen reicher als wir!«[3], behauptete sie am 5. Februar 2015. Dass es sich dabei um alte Zahlen (»Ein griechischer Durchschnittsverdiener zahlte bis vor drei Jahren 18,8 % Steuern, Sozialabgaben. Ein Arbeitnehmer in Deutschland satte 39,2 %!«[4]), nicht verwertbaren Besitz (»Fast drei Viertel (72 %) der Griechen besitzen eine Wohnung/Haus, in Deutschland liegt die Eigenheimquote gerade mal bei 44 %.«[5]) und 1.000 ganz legale Steuertricks, wie sie auch in Deutschland massenhaft praktiziert werden (»Viele Griechen konnten bislang beim Einkaufen, im Restaurant die Mehrwertsteuer (23 %) prellen.«[6]), handelt, erfährt man erst im Kleingedruckten. Und dass das verfügbare Pro-Kopf-Einkommen in Griechenland seit 2008 um ein Viertel zurückgegangen ist und die Arbeitslosenquote von 8 % auf 27 % gestiegen ist? Drauf geschissen!

Die guten alten Vorurteile! Wozu hat man sie denn, wenn man sie nicht benutzen darf? Nun wurde ja selbst Deutschland in den letzten Jahrzehnten zwangszivilisiert, so dass man auch hier nicht einfach sagen darf, was man so vor sich hindenkt. »Neger sind dumm!«, sagt man nicht. Aber der Satz »Menschen mit maximaler Pigmentierung haben einen minimalen Intelligenzquotienten« wird ihnen auf jeden Fall ein zustimmendes Schmunzeln einbringen.

Man darf nicht alles sagen, aber man darf alles – zur Not ein wenig ironisiert – andeuten. Das führt dazu, dass in Talkshows selbst Menschen, die Homosexualität für Sünde und AIDS für eine Geißel Gottes halten, diese nicht direkt verurteilen, sondern sich darauf beschränken, anzumerken, dass Schwule und Lesben eben keine »richtigen« Familien bilden könnten (Vater, Mutter, Kind; in Bayern: Vater, Mutter, Kind, Geliebte, noch ein Kind) oder dass »das« eben nicht ihr Geschmack sei.

»Die Juden sind unser Unglück!« darf man auch nicht sagen, aber ein bisschen »Israelkritik« und »Antizionismus« wird ja wohl noch erlaubt sein. Auch »das Finanzkapital« ist eine hübsche Umschreibung, die jeder versteht, der der Meinung ist, dass die Juden nach der Weltherrschaft streben beziehungsweise diese schon erreicht haben. Verschwörungstheorien sind eben ganz großes Kino. Die kommen immer gut an, denn es ist einfacher die Schuld auf »die Rothschilds« zu schieben, als komplexe ökonomische und soziale Zusammenhänge zu erklären. Da wird Ihnen nach ein paar Minuten sowieso niemand mehr zuhören. In den sozialen Netzwerken und bei Blogkommentaren liegt die durchschnittliche Aufmerksamkeit übrigens bei circa zweieinhalb Sätzen. Diese dürfen grammatikalisch übrigens durchaus falsch sein. Nein, das sollten sie sogar, das erweckt den Anschein von Authentizität. Dann weiß jeder: Hier spricht ein Mann des Volkes, der sich nicht blenden lässt von der »Lügenpresse«! Auch das ist wichtig: Kritisieren Sie die Macht der Medien und behaupten Sie, dass sowieso alle lügen. Alle! Nur Sie nicht und Ihre Zeitung und Ihr Blog. Dort steht nichts als die Wahrheit! Die man auch gegen eine Welt von Feinden bereit ist zu verkünden! Denn: Viel Feind, viel Ehr!

Übrigens: Sie sollten zwar darauf achten, nichts Strafbares von sich zu geben, doch gehören Übertreibungen zum Geschäft! Je mehr Sie übertreiben, desto eher wird man Ihnen glauben! Dass es griechische Unternehmer gibt, die Steuern hinterziehen, ist nicht weiter überraschend, aber wenn Sie behaupten, dass *alle* Griechen das tun, ja, dass die gesamte griechische Wirtschaft darauf aufbaut, das wird man Ihnen *sofort* glauben! Und wenn man Ihnen nur die Hälfte glaubt, bleibt immer noch genügend Dreck kleben. Ebenso wichtig: Beteuern Sie Ihre guten Absichten! Und Ihre Opferbereitschaft! Dass Ihr kleiner Verlag, der sich im Bermudadreieck zwischen Esoterik, Verschwörungstheorien und Naturheilkunde bewegt, vor allen Dingen dazu dient, einen fetten Haufen Geld zu machen, kann ja sein, aber das geht doch niemanden etwas an. Behaupten Sie lieber, dass Sie ihn nur deshalb betreiben, um die Wahrheit (da ist sie wieder!) ans Licht zu bringen!

Die Wiedervereinigung

oder

Der Tod ist ein Handwerksmeister aus Bad Kleinen

1 »Es konnte schnell Entwarnung gegeben werden. Sicher, es gab in den ersten Monaten der Einheit xenophobe Krawalle, im Osten gegen Vietnamesen und Mosambikaner, im Westen gegen Asylantenheime, doch das hatte mit nationalistischen Räuschen nichts zu tun – es waren die üblichen, europaweit bekannten rassistischen Autodafés, in denen Verlierer auf Verlierer einschlugen.«[7] Das ist eine dieser Lebenslügen, die man braucht, um deutscher Patriot sein zu können. Und so irrt Matthias Matussek hier in fast jedem Punkt: Die »ersten Monate« waren in Wirklichkeit die ersten Jahre; es waren auch keine »Krawalle«, sondern waschechte Pogrome und die Angriffe auf »Asylantenheime« fanden auch nicht nur im Westen statt, sondern auch und gerade im Osten. Oder liegen Hoyerswerda und Rostock in Nordrhein-Westfalen und Schleswig-Holstein? Ein Blick auf die Landkarte könnte helfen. Nicht zu vergessen die Brandanschläge auf Flüchtlingsheime und Wohnhäuser von Gastarbeiterfamilien in Solingen, in Lübeck und Mölln sowie die Morde an Ausländern, Obdachlosen, Punks und Linken, die in dieser Zeit signifikant anstiegen (und zwar vor allen Dingen in Deutschland und keineswegs europaweit). Und wenn Nationalismus nichts mit Rassismus zu tun hat – dann hat Eishockey auch nichts mit Schlittschuhlaufen zu tun.

Übertreibe ich? Waren die Wendejahre doch gar nicht so schlimm?

Nun, ich weiß nicht, wo Matussek in jener Zeit war – ich wohnte 1989 jedenfalls im Zonenrandgebiet, erst in einem Dorf im niedersächsischen Landkreis Uelzen, ab 1991 im nicht minder niedersächsischen Braunschweig. Zugegeben: Ich war damals kaum zuhause, fuhr im ganzen Land herum, um an Antifa-Demos teilzunehmen und in Plattenbausiedlungen Flugblätter zu verteilen. Ich war also in Lichtenhagen und Mannheim, in Adelebsen und Minden, in Northeim und Göttingen, in Quedlinburg und Solingen, in Wilhelmshaven und Magdeburg, in Halberstadt und Klötze ... In vielen ostdeutschen Kleinstädten und Landstrichen dominierte zudem eine diffuse Mischung aus Neonazismus und falsch verstandenem Skinheadkult, gewürzt mit einer übertrieben großen Prise Selbstmitleid (wir armen Wendeverlierer!), die Jugendkultur.

Es muss 1992 gewesen sein, als ein Freund und ich auf die verwegene Idee kamen, unseren Sommerurlaub auf der Insel Poel verbringen zu wollen. Auf dem Campingplatz waren wir beiden Wessis und zwei Magdeburger Studenten die einzigen, die keine Nazis oder doch zumindest praktizierende Rassisten waren. Aus lauter Neugierde – wir wollten wissen, wie diese Leute tickten – setzten wir uns mit ihnen zusammen, soffen Schnaps und Bier und horchten sie aus.

Einer von ihnen gehörte zu den Bewohnern eines von Nazis in Ost-Berlin besetzten Hauses in der Weitlingstraße, ja, selbst die Heavy Metal-Fans waren ausgemachte Rassisten und verstanden sich offensichtlich als Vollstrecker des wahren Volkswillens. Ich weiß nicht, was ekliger war: der Doppelkorn oder der Dumpfsinn dieser Leute. Wir hielten es auch nicht lange aus dort, denn so dumm sie auch waren, merkten sie doch irgendwann, dass wir nicht auf ihrer Seite waren. Und so wollten sie uns dann auch eines Abends am Strand handgreiflich ein bisschen Patriotismus beibimsen. Allerdings war ihnen der Fehler unterlaufen, kurz vorher mit Leuchtstiften herumzuschießen, weswegen plötzlich ein Streifenwagen auftauchte, der sie erst einmal davon abbrachte, uns von ihrer Schlagkraft zu überzeugen.

Am nächsten Morgen brachen wir unser Zelt ab, während die Schläger noch ihren Rausch ausschliefen.

2 »Daß ein Volk sein Sittengesetz gegen andere behaupten will und dafür bereit ist, Blutopfer zu bringen, das verstehen wir nicht mehr und halten es in unserer liberal-libertären Selbstbezogenheit für falsch und verwerflich.«[8]

Der Schriftsteller Botho Strauß war es, der 1993 – ein halbes Jahr nach den Ausschreitungen in Rostock-Lichtenhagen im Spiegel, kurz vor der Abschaffung des Asylrechts – so viel Verständnis für die »nationalistischen Strömungen in den osteuropäischen und mittelasiatischen Neu-Staaten« zeigte, in denen es als »politischer Auftrag« verstanden werde, »seine Sprache so zu erhalten, wie wir unsere Gewässer«[9]. Überhaupt darf man vielleicht durchaus fragen, von welchem Teufel Strauß geritten wurde, der ihn vor »Demokratismus«, »Ökonomismus«, »Verhöhnung des Soldaten«, »Verhöhnung von Kirche, Tradition und Autorität«, »verklemmtem deutschen Selbsthass« und »libertärem bis psychopathischen Antifaschismus« warnen ließ. Was war der Zweck des Ganzen?

Man kommt nicht leicht dahinter, weil Strauß sich etwas verquirlt ausdrückte und in den ersten Sätzen seines Spiegel-Essays sogar ganz auf vernünftige Verben verzichtete, wohl um eine höhere literarische Qualität (abgeleitet von »Qual«) vorzutäuschen: 3 »Jemand, der vor der freien Gesellschaft, vor dem Großen und Ganzen, Scheu empfindet, nicht weil er sie heimlich verabscheute, sondern im Gegenteil, weil er eine zu große Bewunderung für die ungeheuer komplizierten Abläufe und Passungen, für den grandiosen und empfindlichen Organismus des Miteinander hegt, den nicht der universellste Künstler, nicht der begnadetste Herrscher annähernd erfinden oder dirigieren könnte. Jemand, der beinahe fassungslos vor Respekt mitansieht, wie die Menschen bei all ihrer Schlechtigkeit au fond so schwerelos aneinander vorbeikommen, und das ist so gut wie: miteinander umgehen können.«[10]

Wenn man sich dann tatsächlich durch den Text gearbeitet hat, stößt man ganz am Ende auf ein paar peppige Slogans, die zeigen, dass auch hier der Autor am Ende ist:

4 »Demokratie braucht wie ein Organismus den Druck
   von Gefahr
Rechte Phantasie ist die Phantasie des Dichters

> Der Mainstream macht das rechtsradikale Rinnsal groß
> In verschwätzten Zeiten bedarf die Sprache neuer
>   Schutzzonen
> Heute ist das Gutgemeinte gemeiner als der offene
>   Blödsinn«[11]

Und ob das nun einfach gut gemeint oder offener Blödsinn ist, mag jeder für sich selbst entscheiden. Fakt ist, dass dieser Text als Fanal für eine Neue Rechte gesehen wurde. Der Geist stand lange Zeit links – nun begann er zu wanken, angesichts der offensichtlichen Niederlage des Sozialismus. Und er fing an, zurückzuweichen vor der rohen rechten Gewalt, die sich in jenen Jahren Bahn brach und zu zahllosen Toten führte (im Mai 1993 starben zum Beispiel fünf Menschen bei einem Brandanschlag in Solingen).

Botho Strauß gehörte zu jenen, die den Rechten eine Schneise schlug. Und so wuchs danach tatsächlich zusammen, was zusammen gehörte. Im Gefolge von Strauß' »Bocksgesang« erschien der von Heimo Schwilk und Ulrich Schacht herausgegebene Sammelband »Die selbstbewusste Nation«. Zu den Autoren zählten notorische Konservative wie Peter Gauweiler und Ernst Nolte genauso wie die Renegaten Alfred Mechtersheimer und Klaus Rainer Röhl. Eine illustre Runde also, die da gemeinsam einen Bock(sgesang) schoss.

5 »Nationalismus ist kein Schimpfwort mehr, keine abgelegte Schandvokabel aus der Pickelhauben- und Kanonenboot-Ära, sondern es drückt das notwendige Selbstinteresse eines Landes aus, das sich seiner geschichtlichen und kulturellen Identität bewusst ist. Nationalismus ist das Abgrenzungs-Interesse in der Ära des totalen Internationalismus, und schon wirtschaftlich ist das eine Notwendigkeit. Alle, die im globalen Wettbewerb konkurrieren, appellieren mittlerweile ganz ungeniert an den nationalen Ehrgeiz, an den nationalen Stolz, in England so gut wie in China oder Indien oder in Deutschland.«[12]

Auch hier irrt Matthias Matussek (»Matsche«, wie ihn seine Freunde nicht nennen), denn »Nationalismus« sollte immer und überall ein Schimpfwort sein. »Nationaler Ehrgeiz« und »nationaler Stolz« haben noch nie zu etwas Gutem geführt – weder in England, China, Indien oder gar Deutschland. Der »globale Wettbewerb« macht nämlich aus Menschen Deutsche, Inder, Chinesen und Engländer, drückt sie also zurück in ihren provinziellen Mief, dem es doch eigentlich stets zu entkommen gilt, will diese Welt überleben. Denn die globalen Probleme – die ökonomisch, ökologischen, sozialen – lassen sich nur global lösen. Alles andere führt zu nationalen Alleingängen – und schließlich zu einem gemeinsamen, also doch wieder globalen Abgang.

Geschichtsklitterung

oder

Oh, wie wär das schön!

6 »(Alexander von Humboldt) schlief ein, über der Arbeit, friedlich.

Hinter seinem Sarg formierte sich der preußische Staat. Es war der imposanteste nichtmilitärische Trauerzug in der Geschichte Berlins. Königliche Kammerherren schritten zu Chopins Trauermarsch, gefolgt von Staatsministern, Standartencorps, Parlamentariern und Studenten.

Das Volk nahm Abschied von einem Abenteurer, einem Universalgelehrten, einem Weltbürger, und von einem guten Deutschen. Alexander von Humboldt war einer der Ersten der deutschen Wissensgesellschaft, die das 19. Jahrhundert dominieren und die das Reich schließlich zur fortschrittlichsten und entwickelsten europäischen Macht werden lassen sollte.«[13] Kommen wir noch mal zurück zu Matussek – an ihm lässt sich einfach am besten darlegen, wie der Patriotismus des 21. Jahrhunderts funktioniert. Von allen Deutschen greift sich Matussek also ausgerechnet Alexander von Humboldt heraus, nur um aufzeigen zu wollen, dass der »preußische Staat« und die »deutsche Wissensgesellschaft« direktemang zum Deutschen Reich, der »fortschrittlichsten europäischen Macht« führten. Das klingt gut, und ich würde mich freuen, wenn es so wäre, aber das ist reines Wunschdenken, denn »entwickelt« war hier vor allen Dingen der Militarismus und das damit verbundene autoritäre Denken, das Preußen bis November 1918 am Drei-Klassen-Wahlrecht festhalten ließ. Und in einem »fortgeschrittenen Zustand« befand sich einzig und allein die Ausbeutung der Land- und Industriearbeiter. Denn *das* konnten sie wirklich gut, die Junker und Stahlbarone.

7 »Wir Deutschen schienen durch die Geschichte selber zum Völkermord bestimmt, und keiner wagte auch nur den Gedanken, dass Hitler ein Freak-Unfall der Deutschen war und dass ein weniger wahnhaftes und kaltblütiges Modell der damaligen Welle an Autokratien und Diktaturen genauso möglich

gewesen wäre.«[14] Wäre, wäre, Bastelschere! Matussek ist nicht der einzige, der Hitler als einen Betriebsunfall der Geschichte ansehen möchte. Aber die Vorstellung, dass der Herr Gefreite nur versehentlich Reichskanzler geworden ist, ist ja auch zu verführerisch. Besser wäre natürlich noch, wenn die anderen noch schlimmer gewesen wären. Okay, waren sie nicht, aber immerhin lebten alle anderen auch in »Autokratien und Diktaturen«.

8 »Vom christlichen Standpunkt betrachtet, von den Zehn Geboten her, vom Gebot ›Du sollst nicht töten‹, ist Mithilfe schon ein Verstoß. Obwohl, auch das ist eine Frage: War das Mithilfe zum Töten, was ich getan habe?«[15] Das antwortete Oskar Gröning, der im Konzentrationslager Auschwitz seinen Dienst versah, der darin bestand den Opfern Geld und Wertgegenstände abzunehmen und auf Konten der SS zu verbuchen, auf die Frage, ob er sich moralisch schuldig fühle.

Die naheliegende Antwort »Ja, natürlich. Und nicht nur moralisch, sondern auch juristisch«, kam dem Angeklagten aber natürlich nicht über die Lippen. Das mag man als rechtlich legitime Verteidigungsstrategie werten, offenbart aber auch ein grundsätzliches Problem. Der Nationalsozialismus hatte so viele willige Helfer, dass man eigentlich ganz Deutschland in Schutzhaft hätte nehmen müssen. Tat man auch ein paar Jahre, bis man die (West-)Deutschen 1949 unter strengen Auflagen in die Freiheit entließ. In den nächsten Jahrzehnten wurden sogar ein paar Opfer gebracht und einige besonders widerliche Nazis verurteilt (so man sie denn nicht in den Staatsapparat integrierte).

Von Resozialisation des deutschen Volkes zu sprechen, wäre allerdings falsch, weil es bedeuten würde, dass es eine Unterbrechung gab – in Wirklichkeit wanzten sich nicht wenige Nazi-Täter, -Mitläufer und -Claquere gleich in der Stunde Null wieder nach oben. Die Reue blieb fast immer oberflächlich. Sieht man sich zum Beispiel Aufnahmen von Günter Grass in seinen jungen Jahren an, wie er im militärischen Duktus die Gruppe 47 befehligte und sich als Scharfrichter über Wert und Unwert eines Textes und eines Autoren ereiferte, erkennt man, wie ähnlich sich deutscher Faschismus und deutscher Antifaschismus sein können.

Oskar Gröning wurde jedenfalls im Juli 2015 zu vier Jahren Haft verurteilt – einige Jahrzehnte zu spät, vielleicht auch zu milde, aber immerhin doch noch. Die Frage bleibt jedoch – abseits der juristischen Problematik – wer aus der Kriegsgeneration eigentlich alles moralisch schuldig war beziehungsweise (um es abzukürzen) wer es nicht war. Die Konzentrationslager konnten nur unter Zuarbeit von Hunderttausenden Menschen betrieben werden. Die Opfer wurden von der Volksgemeinschaft ausgesondert und an ihre Mörder ausgeliefert. Jemand wie Hans Rosenthal – der von drei Berlinerinnen vor seinen Häschern versteckt wurde – war die Ausnahme, die die Regel bestätigte.

Gröning mag sich selbst nicht als Mithelfer, als Täter sehen – Fakt ist, dass er nur zu der Spitze des mörderischen Eisbergs gehört, die Deutschland genannt wird.

9 »Für Tiere ist jeden Tag Dachau«[16]. Das stand auf einem Plakat, dass Bernhard Eck, Mitglied des Europäischen Parlaments und ehemaliger Vorsitzender der Tierschutzpartei trug, als er 2006 eine »Mahnwache« auf dem Besucherparkplatz der KZ-Gedenkstätte Dachau abhielt. Nun kann man Massentierhaltung reichlich widerlich finden, ohne KZ-Insassen mit Schweinen, Rindern, Hühnern und anderen Nutztieren gleichzusetzen.

Es gibt mehrere Möglichkeiten, das Leiden von Tieren zu mindern. Zum Beispiel, indem man keine mehr isst. Weswegen auch keine mehr gehalten werden müssten. Oder in dem man nur noch solche aus biologischer und halbwegs artgerechter Haltung isst. Was um einiges teurer ist. Aber Geiz war ja auch noch nie geil, sondern stets eine Notlösung.

Die Opfer des Nationalsozialismus jedoch ins Lächerliche zu ziehen, in dem man so tut, als wären sie bloß Hühner mit zu wenig Scharrfläche gewesen, wird dem Anliegen in keinster Weise gerecht.

Und wenn ich solchen Scheiß noch öfter hören muss, gehe ich das nächste Mal doch noch zu dem Hähnchenmobil vor Edeka und hole mir so einen leckeren Broiler.

So, das habt Ihr dann davon!

Zwischenrufe

Barbarossa

In Deutschland liegt ein Kanzler verscharrt,
in den sind heimlich noch viele vernarrt.
Sie haben ihn lieb und haben ihn gerne.
Einst zeigte er ihnen an der Ostfront die Sterne.

Ihn zu lieben ist heute zum Glück noch verpönt,
doch werden seine Taten fast zärtlich geschönt.
Und seine Verbrechen, die werden verglichen
(denn dann ist die Schuld irgendwann mal beglichen).

Ein Versehen

Es waren ja bloß zwölf Jahre
in der langen deutschen Ewigkeit.
Ein Bruchteil nur, eine Kleinigkeit:
Niemand raufe sich seine Haare!

10 »Dieser dramatisierte Hass aufs eigene Volk ist häufig in meiner Generation. Wir wollten uns in unserer Deutschlandverachtung von keinem überbieten lassen, denn wir wollten geliebt werden. Wir hassten unser Land als Wiedergutmachung für den Massenmord. Nun kann man sein Land für alles mögliche hassen. Für die absurden Behördenwege, das Wetter, das schlechte Essen, die Manie der Frauen, sich Geweihe über die Pobacken tätowieren zu lassen. Für alles, aber nicht für Massenmord.

Wie kann man angesichts des Holocausts – und all der anderen Leichenberge des letzten Jahrhunderts – anderes empfinden als eine unendliche sprachlose Traurigkeit darüber, dass Menschen Menschen dies antun. Eine Traurigkeit auch darüber, dass ein Teil der Deutschen einem anderen Teil unseres Volkes das angetan hat.«[17]

Matthias Matussek ist tolerant, denn er gestattet mir durchaus, Deutschland zu hassen. Danke, das freut mich sehr! Nur: Die richtigen Gründe müssen es sein, also das Wetter, das Essen, die Behörden und die Arschgeweihe. Nur für Massenmord soll man es nicht hassen – da soll man schön traurig sein und daran denken, dass auch andere Menschen anderen Menschen irgendetwas angetan haben. Genau anders herum wird ein Schuh daraus: Über Arschgeweihe kann ich lachen und über schlechtes Wetter, mieses Essen und böse Behörden kann ich mich ärgern – aber hassenswert ist das alles nicht.

Oder nur ein bisschen.

11 Nun ist es ja nicht so, dass Matussek mit seiner Meinung, dass Trauer die einzige legitime Gefühlsregung in Bezug auf den Holocaust sei, ganz alleine dasteht. Auch der Historiker Arnulf Baring sieht dies anscheinend so: »Natürlich ist vollkommen klar, dass die zwölf Jahre Hitler mit uns sein werden, solange es Deutsche gibt. Auch wenn wir selber geneigt wären, einen Schlussstrich zu ziehen, wird uns dieser zwölf Jahre lange

Zeitraum immer anhängen. Das ist eine Katastrophe gewesen, und die Verbrechen haben uns anhaltend beschädigt. Aber es ist ebenso wahr, dass diese zwölf Jahre und die verbrecherischen Züge dieser Zeit nicht das Ganze unserer Geschichte ausmachen, dass dies eine beklagenswerte Entgleisung gewesen ist, dass wir im Grunde genommen nur mit Trauer an diese Phase zurückdenken, dass dies eben eine Vergangenheit ist, die nicht vergehen will, dass eben doch die deutsche Geschichte nicht in dieser Phase kumuliert, sondern dass es lange Jahrhunderte deutscher Tüchtigkeit und deutscher Friedlichkeit vorher gegeben hat.«[18]

Und auch hier fällt auf, dass der Nationalsozialismus nicht als logische Folge der deutschen Geschichte gesehen wird, sondern als eine Art Versehen. Aber zählt das Prinzip von Ursache und Wirkung denn nicht zu den Grundlagen der Wissenschaft? Und selbst dann, wenn man davon ausgeht, dass es sich hierbei um eine »Entgleisung« handelt, muss man doch fragen, warum der Zug der Geschichte gerade hier und in jenen Jahren vom Weg abgekommen ist. Und im Umkehrschluss: Warum ist das nicht in Frankreich oder den Niederlanden passiert?

War der Antisemitismus nicht schon in der Kaiserzeit tonangebend, im Wilhelminismus? Sicher gab es auch in anderen Ländern derartige Ressentiments. Aber in Frankreich erlitt der Antisemitismus während der Dreyfus-Affäre eine empfindliche Niederlage, von der er sich niemals ganz erholte. Und in den Niederlanden sank die Zustimmung zu der einheimischen Nazipartei rapide ab, als diese die antisemitischen Elemente aus dem Programm der großen deutschen Schwester übernahm.

Weiter darf man vielleicht fragen, ob deutsche Tüchtigkeit und Nationalsozialismus wirklich in einem Gegensatz zueinander stehen. Ist diese Ideologie in ihrer brutalen Konsequenz – sowohl in der Theorie als auch in der Praxis – nicht sogar ein Ausdruck dieses Perfektionswahns? Bei einem Vergleich mit dem Faschismus Italiens fällt auf, dass dieser sich zwar genauso martialisch gebärdete, jedoch weit weniger rabiat umgesetzt wurde.

Baring verwahrte sich dagegen – nachdem diese Ansichten in der Frankfurter Rundschau publik gemacht worden waren – in die »rechtskonservative Ecke« gestellt zu werden. Nun gut, lassen wir ihn in der Mitte der Gesellschaft. Dort ist genug Platz für ihn und andere.

12 Zum Beispiel auch für den Bundestagsabgeordneten Martin Hohmann (CDU): »Meine Damen und Herren, viele Menschen fordern uns als Deutsche auf, langsam den Mut zu fassen, unseren Freunden zu sagen: Mehr als zwei Generationen nach diesem riesigen Verbrechen fühlen wir uns sozusagen resozialisiert. Warum? Kein Land hat Verbrechen in seiner Geschichte aufgearbeitet und bereut, Entschädigung und Wiedergutmachung geleistet wie wir. Nach christlichen Maßstäben folgt auf Sünde, Reue und Wiedergutmachung das Verzeihen. Freilich, das Verzeihen kann man nicht erzwingen. Aber von Freunden darf man es erwarten. Fast drei Generationen Bußzeit bis heute. Es sollten nicht sechs oder sieben werden. Insofern wäre das Mahnmal auch monumentaler Ausdruck der Unfähigkeit, uns selbst zu verzeihen.«[19] Dieses Zitat ist einer Rede entnommen, die Hohmann am 25. Juni 1999 hielt, um die Ablehnung des geplanten zentralen Holocaust-Denkmals in Berlin zu begründen. Es gibt sicherlich einige Gründe, die gegen das Denkmal gesprochen haben – der gewichtigste ist vielleicht der, ob die Gleichung »Großes Verbrechen = Großes Denkmal« wirklich aufgeht. Und ist dieses Monument in seiner Abstraktion tatsächlich geeignet, als Mahnmal zu dienen? Wäre es nicht didaktisch sinnvoller, sich auf die Erinnerungsarbeit vor Ort zu konzentrieren? Also auf die konkreten Geschehnisse, die auch nach mehreren Generationen noch nachvollziehbar sind?

Hohmann beruft sich aber auf »christliche Maßstäbe«, mithin auf die Bibel. In 2. Moses – Kapitel 20 macht dieser

Gott jedoch deutlich, dass er nicht nur eifer- sondern auch rachsüchtig ist: »Gott sprach: Ich bin Jahwe, dein Gott, der dich heraus geführt hat aus dem Land Ägypten, aus einem Sklavenhaus. Du sollst neben mir keine anderen Götter haben. Du sollst dich nicht vor anderen Göttern niederwerfen und dich nicht verpflichten, ihnen zu dienen. Denn ich, der Herr, dein Gott, bin ein eifersüchtiger Gott: Bei denen, die mir Feind sind, verfolge ich die Schuld der Väter an den Söhnen, bis in die dritte und vierte Generation.«[20] Wenn man also, wie Hohmann, die Bibel zum Maßstab nimmt, haben die Deutschen noch eine längere Zeit der Buße vor sich – mindestens eine Generation.

Zwischenrufe

Verständnisvoll

Unsere Mütter, unsere Väter
waren Opfer, waren Täter,
waren Menschen wie wir alle,
gerieten nur in diesem Falle
in die Fänge der Geschichte:
Dass niemand über sie richte!

Wir sind wieder wer!

Das Wunder von Bern haben wir gern.
Keiner kann uns das Wasser reichen!
Wir stürmen aufs Tor, wie zehn Jahre zuvor.
Der Gegner muss wieder weichen.
Die Weltmeisterschaft gibt uns viel Kraft.
Einst gingen wir über Leichen.
Jetzt schießen wir wieder, machen nieder
den Feind, drei Tote ... äh Tore, die reichen.

Fußballpatriotismus

oder

Der Tod ist ein Weltmeister aus Deutschland

13 »Ein Schmetterling kann einen Taifun auslösen. Der Windstoß, der durch seinen Flügelschlag verdrängt wird, entwurzelt vielleicht ein paar Kilometer weiter Bäume. Genauso wie sich ein Lufthauch zu einem Sturm entwickelt, kann Deine Tat wirken. (...) Doch einmal haben wir schon eine Mauer niedergerissen. Deutschland hat genug Hände, um sie einander zu reichen und anzupacken. Wir sind 82 Millionen. Machen wir uns die Hände schmutzig. Du bist die Hand. Du bist 82 Millionen. Behandle Dein Land doch einfach wie einen guten Freund. Meckere nicht über ihn.«[21] Das ist natürlich ausgemachter Blödsinn. Bei dem aus der Chaostheorie bekannten Schmetterlingseffekt geht es in erster Linie gar nicht darum, dass kleine Handlungen viel bewirken könnten, sondern dass die Wirkung einer Handlung nicht immer vorherzusagen ist. Der Schmetterlingsflügelschlag kann einen Taifun auslösen, muss aber nicht. Er kann genauso gut einen verhindern. Oder in China einen Sack Reis umfallen lassen. Aber in der eingangs zitierten Blödel-Poesie geht es nicht um Logik, sondern einzig und allein darum, bei den Zuhörern, Zuschauern, Lesern und Sonstwiepenetrierten wohlige Schauer und beeindrucktes Kopfnicken auszulösen: »Ja, ich schlage auch mit den Flügeln. Wie ein kopfloses Huhn. Denn ich will auch Deutschland sein. Wenn ich auch schon sonst nix bin außer ein ALG II-Empfänger aus Kotzen (Brandenburg).«

Das Erschreckende ist, dass die von der Bertelsmann-Stiftung initiierte »Du bist Deutschland«-Kampagne so gut funktioniert hat. Angesetzt kurz vor der Fußballweltmeisterschaft der Herren 2006 dürfte sie – trotz des Hohns und Spotts der völlig zu Recht über sie ausgekübelt wurde – maßgeblich dazu beigetragen haben, dass ganz Deutschland wochenlang schwarzrotgold angestrichen war. Das Land sah also so aus, wie die Särge der deutschen Soldaten, wenn diese – mit den Füßen voran – aus Afghanistan zurückkehren.

Jeder war damals Deutschland: vom Schlagersänger bis zum Schläger. Vier Wochen lang stürzte sich Deutschland in einen besinnungslos-besoffenen Fußballtaumel und wähnte dabei die Welt zu Gast. Dass es während der Public Viewings auch zu Übergriffen auf eben jene Gäste kam (»Ich habe nichts gegen Fremde«, philosophierte Methusalix einst, »aber diese Fremden sind nicht von hier.«) galt noch nicht einmal als Schönheitsfehler. In der Presse war davon nämlich wenig bis nichts zu lesen (beziehungsweise nichts bis gar nichts) – zu sehr hätten die Vorfälle das Bild vom weltoffenen, feierfreudigen, fußballbegeisterten Deutschland gestört.

Mittlerweile gehört »Flagge zeigen« zum guten Ton. Alle zwei Jahre lassen die Deutschen nun ihre gefärbten Gimpel-Wimpel in den Autoabgasen wehen. Und die deutsche Stoffindustrie bedankt sich und singt »Deutschland, wir weben dein Leichentuch« dazu.

Zwischenruf

Alles im Lot

Juni 2012. Deutschland ist mal wieder im Rausch und hat daher eine feuchte und undeutliche Aussprache. Nur wenige Worte sind problemlos zu verstehen, hauptsächlich »Schland« und »Sieg«. Gegen einen guten Rausch habe auch ich nichts einzuwenden, und so beschließe ich, mich ebenfalls dem nationalen Taumel hinzugeben und mir gemeinsam mit ganz vielen anderen Menschen das Spiel Deutschland gegen die Niederlande anzuschauen. 80 Millionen Freunde sollt ihr sein!

Nun bin ich natürlich ein hochgebildeter Literat, weshalb ich mich selbstverständlich nicht an irgendeiner öffentlichen Leichenschau beteilige, sondern das Braunschweiger LOT-Theater aufsuche, die Heimat der lokalen Off-Theaterszene. Hier kann ich zwischen den Sprechchören und Jubel-Ausbrüchen gepflegte Konversation betreiben und dazu einen leichten französischen Rotwein genießen – so viel internationaler Flair muss möglich sein. Im LOT angekommen, bestelle ich mir ein Bier, weil ich Wein gar nicht mag. Außerdem ist Fußball.

Allerdings gilt auch hier, dass, wer sich nicht am »nationalen Gefühl« beteiligen will, Ärger mit der Volksgemeinschaft bekommt. Jedenfalls wird einem befreundeten Buchhändler mangelnder Patriotismus vorgeworfen, als er bekennt, auf einen holländischen Sieg gesetzt zu haben. »Patriotismus ist mir scheißegal«, antwortet er, »es geht hier um mein ureigenstes Interesse: Eine Kiste Erdinger-Weizen, die ich gewinnen will.« Ich selbst habe in einem Anflug von Opportunismus und Realitätssinn gewettet, dass Deutschland gewinnt.

Das Spiel macht aber Spaß, zudem ich ganz entspannt zugucken kann, denn ich gehöre zu den Gewinnern des Abends – wie immer es auch ausgeht. Wenn Holland siegt, steigen die Chancen, dass sie Europameister werden (worauf ich ja getippt habe), wenn Deutschland gewinnt, bekomme ich ein paar Punkte in unserem familieninternen Wettspiel, die ich dringend gebrauchen kann. Und dass ich den sympathischen Käseköpfen und Coffeeshop-Erfindern von nebenan den Sieg sowieso gönne, ist ja kein Geheimnis, zudem Robin van Persie ein wirklich exzellenter Spieler ist, der deshalb an diesem Abend auch ein wunderschönes Tor erzielt – allerdings erst, nachdem Gomez schon in der ersten Halbzeit den deutschen Sieg klar gemacht hat.

Nach dem Spiel gehen wir natürlich noch in die Stadt, um noch in Ruhe ein Bier zu trinken. Das mit dem Biertrinken gelingt, von Ruhe kann allerdings keine Rede sein. Ganz Deutschland ist in Schwarz-Rot-Gold gehüllt und von Jubelrufen erfüllt. »So sehen Sieger aus«, grölt es mir entgegen, dann taumelt der Sprechchor kollektiv gegen ein plötzlich auftauchendes Straßenschild. »Schland«, ruft der in der Mitte noch, bevor er bewusstlos zu Boden geht.

14 Juli 2014. Gott, war das ein Drama! Nervtötend! Tagelang war Facebook mit Diskussionsbeiträgen zum Gaucho-Gate verstopft. Deutschland war gerade zum vierten Mal Weltmeister geworden und ein paar Nationalspieler hatten ihrer Freude darüber Ausdruck verliehen, indem sie ihre Gegner verspotteten. »So geht der Deutsche, der Deutsche, der geht so«[22], »sangen« sie und liefen dabei hocherhobenen Hauptes und mit breiter Brust über die Bühne, während sie bei der Textzeile »So geht der Gaucho, der Gaucho geht so«[23] niedergeschlagen über die Bretter schlichen, einen Argentinier simulierend.

Das kann man doof finden (und auch sehr gut begründen) und das kann man lustig finden (»Ist doch nur Spaß!«), aber die Vehemenz und Aggressivität, mit der darüber gestritten wurde, ist durchaus bezeichnend. Ich selbst schwor mir, mich da heraus zu halten – nur um dann doch einen Tag später in die Falle zu tappen und auf ein Pro-Gaucho-Diss-Posting zu reagieren, woraufhin mir wieder einmal mangelnder Patriotismus vorgeworfen wurde. Na gut, damit kann ich leben.

Putzig fand ich nur die Argumentation, *warum* man stolz darauf sein sollte, ein Deutscher zu sein. Weil: Goethe und Beethoven. Nichts gegen die beiden beziehungsweise gegen ihr Werk, aber – mal ehrlich – Ginsberg und die Beatles sind mir doch irgendwie näher (zudem die meisten Goethe-Bewunderer diesen mit Sicherheit gar nicht gelesen haben und von Beethoven auch nur die »Kleine Nachtmusik« kennen).

I'm singing yeah, yeah, yeah!

Patriotische (Pop-)Kultur

oder

An deutschen Liedern
geht die Welt darniedern

15 Manch einen mag es verwirrt haben, als ich mich vor einiger Zeit als Eintracht Braunschweig-Fan geoutet habe. Fußball! Und dann noch Eintracht Braunschweig! Wenn es denn wenigstens der FC St. Pauli gewesen wäre, der Hort des Guten im deutschen Fußball (aber nicht: des guten Fußballs)! Deswegen werde ich mich nun demonstrativ einem ganz anderen Themenbereich zuwenden, dem entgegengesetzten natürlich. Und was ist das Gegenteil von Fußball? Genau: Oper. Im Stadion dominiert bekanntlich der grölende Pöbel, das Öde, Blöde und Böse. In der Oper dagegen regiert das Hehre, Hohe und Schöne. Wohlklang erfüllt die heiligen Hallen der deutschen Opernhäuser. Hier bin ich Bildungsbürger, hier darf ich's sein!

Und wer ist der Superheld der Oper? Richard Wagner natürlich. Dem daher auch in regelmäßigen Abständen ein Gedenkjahr gewidmet wird. 2013 war es mal wieder soweit, denn die notorisch unterbeschäftigten Theaterkritiker unseres Landes wollen ja auch mal ein paar Euro verdienen. Die ZEIT, das Flaggschiff des eben erwähnten deutschen Bildungsbürgertums, ließ es sich daher auch nicht nehmen, Anfang des Jahres ein ganzes Feuilleton mit Richard Wagner vollzumachen. Pflichtschuldigst bekrittelte man ihn natürlich ein wenig, wies auf seinen Antisemitismus hin und auch darauf, dass er damit zu den Stichwortgebern des Nationalsozialismus zu zählen ist. Und man will den ZEIT-Schreiberlingen auch fast abnehmen, dass sie das tatsächlich irgendwie bedauern – und auch, dass die hohe Qualität seiner Musik dies alles entschuldigt. Und dann liest man Sätze wie die von Christine Lemke-Matwet: »In Zeiten wie den unseren, in denen die Gestaltung von Gesellschaft zunehmend mit dem Buhlen um Mehrheiten verwechselt wird und politische Machtsicherung bedeutet, sich schadlos aus allem herauszuhalten, könnte uns der Umgang mit Wagner zu einer neuen Entschiedenheit verhelfen. An seinem Werk könnten wir üben (denn was ist große Kunst anders als eine

Einübung ins bessere Leben?), was uns schmerzlich abhanden gekommen ist: wieder Partei zu ergreifen, mit Herz und Hirn ein Bekenntnis abzulegen.«[24] So, so, Demokratie ist also ein schäbiges, ekliges »Buhlen um Mehrheiten«. Und dagegen helfen nur ganzheitliche Bekenntnisse und die Entschiedenheit derjenigen, die es besser wissen!

Irgendwie ist es ja auch schön, dass ich auf diese Weise all meine Vorurteile gegenüber Wagner und seinen Anhängern bestätigt bekomme, denn so bleibt es mir auch diesmal wieder erspart, mir stundenlang vertonte Stabreime anhören zu wollen. Danke, Frau Lemke-Matwet!

Und, sagt mal, Leute, wann ist eigentlich das nächste Eintracht-Heimspiel?

Zwischenruf

Wollen und Wirken in Villa Wahnfried

Wehe, wehe!
Walle, walle!
Wagner wagte
wirre Worte.
Wollte wirken
wie'n Wotan.
Wirkte wahrlich
wirklich
   blöde.

16 Herrje, was war das für ein Aufstand, als vor einigen Jahren die deutsche Rechtschreibung reformiert wurde. Das führe zu »Anarchie« und »Chaos« und bewirke den sofortigen Untergang des Abendlandes, hieß es aus Kreisen ihrer Gegner. Davon hat sich natürlich nichts bewahrheitet. Deutschland ist so weit weg von Herrschaftslosigkeit wie McDonalds von leckerem Essen. Und die Festung Europa steht wie eine 1!

Das hätten die Gegner dieser wirklich sehr vorsichtigen Überarbeitung der Rechtschreibung natürlich auch wissen können – aber das wollten sie gar nicht. Sie wollten vor allen Dingen, dass alles so bleibt, wie es schon immer war. Damit sie nicht umlernen – also nachdenken – müssen: »Ich habe ›daß‹ schon immer mit ›ß‹ geschrieben. Und was gestern Recht war, kann doch heute nicht Unrecht sein!«

Womit wir bei der deutschen Leitkultur angekommen wären, die in den Augen von Konservativen wie Jörg Schönbohm (der übrigens auf die geniale Idee kam, den Berliner Sender »Radio Multikulti« in »Radio Schwarz Rot Gold« umbenennen zu wollen – kein Witz!) und Friedrich Merz ebenfalls als sakrosankt zu gelten hat. »Zwingend ist, dass (die Ausländer) Deutsch lernen und unsere Sitten, Gebräuche und Gewohnheiten akzeptieren«[25], sagte Merz dann auch.

Aber was ist die deutsche Leitkultur eigentlich? Heino und Helene Fischer? Mario Barth und Atze Schröder? Utta Danella und Dieter Bohlen? Oktoberfest und Türkenwitze? Es muss etwas mit der deutschen Sprache zu tun haben, glaube ich. Da sich jedoch meistens Menschen aus Bayern dafür stark machen, sind ihre Plädoyers kaum zu verstehen. Fragen wir doch die CDU, die es als Leitpartei doch eigentlich wissen müsste. Hier die Antwort: »Leistungs- und Verantwortungsbereitschaft, Anerkennung der verbindlichen kulturellen Grundlagen, der Werte, die unserer Geschichte entstammen und in unser Grundgesetz eingegangen sind, bilden unsere politische Kultur. Sie ist geprägt von den Gemeinsamkeiten der europäischen und den Besonderheiten der deutschen Geschichte mit ihren föderalen und konfessionellen Traditionen. Dieses gemeinsam bildet den Boden einer Leitkultur *in* Deutschland. Das Bekenntnis zur Leitkultur und die Identifikation sind damit Voraussetzungen für erfolgreiche Integration.«[26]

Hmmm, also von Max Raabe und Roberto Blanco steht hier jetzt nichts. Stattdessen bleibt man mit der Formulierung von »verbindlichen kulturellen Grundlagen« seltsam unverbindlich. Und ob ich mir die »Besonderheiten der deutschen Geschichte« (Wilhelminismus und Nationalsozialismus) nun als Prägung unserer »politischen Kultur« wünsche ...? Und »konfessionelle Traditionen«? Ist Religion nicht Privatsache? Warum sollte sie nun immer noch den Boden einer deutschen Leitkultur ... Verzeihung »Leitkultur in Deutschland« bilden? Vermutlich aus einem ganz einfachen Grunde: Damit die Konservativen der CDU nicht den Rücken kehren und die AfD wählen.

Bei Fußballweltmeisterschaften treten bekanntlich Nationalmannschaften gegeneinander an. Da ist es durchaus folgerichtig, dass die Zuschauer sich mit »ihren« Fußballern identifizieren. Allein schon deshalb, weil Fußballgucken eigentlich nur dann Spaß macht, wenn man sich auf die eine oder andere Seite schlägt. Dann kann man mitfiebern! Dann kann man sich freuen (wenn man gewinnt)! Oder leiden (wenn man verliert)! Das ist beim Vereinsfußball ja nicht anders. Auch hier kann man sich eine Mannschaft aussuchen, die man zu der eigenen erklärt. Meist ist es die aus der eigenen Stadt oder Region. Oder die, der man sich politisch oder subkulturell nahe fühlt (St. Pauli!). Oder die, die gerade die erfolgreichste ist (Bayern München).

Mittlerweile werden aber auch Millionen andere Veranstaltungen zu Ereignissen von nationalem Rang hochstilisiert. Zum Beispiel der European Song Contest (ESC), bei dem es ja noch nie um gute Musik ging, aber der inzwischen auch dadurch nervt, dass jedem, der hier für Deutschland antritt, auch die Daumen gedrückt werden – egal, wie öde und blöde die dargebotene Musik auch ist. Bei Lena, unserem Star für Oslo, erreichte die Hysterie neue Höchstmarken, als die Hannoveranerin 2010 den Wettbewerb gewann. Dass die Verantwortlichen sich jedoch nicht entblödeten, sie einfach im nächsten

Jahr wieder antreten zu lassen – ohne vorherigen Wettbewerb – zeugt von einer Arroganz, wie sie nur Deutsche aufzubringen in der Lage sind. Als ob unserer Nachbarländer wieder für sie gestimmt hätten, egal was sie singt! Die Strafe (Platz 10) folgte auf dem Fuße.

Aber so erwarten es die deutschen Zuschauer eben. Das Ausland hat deutsch zu wählen. Als Ann Sophie 2015 ein grandioses 0-Punkte-Debakel erlebte, kochte und tobte die Volksseele! Ein paar Beispiele aus Leserbriefen an die regionale Braunschweiger Presse: **17** »Viele Länder haben Teilnehmer ihrer direkten Nachbarn mit ›Sympathiepunkten‹ bedacht. Aufgrund dessen, was Deutschland alles für Europa leistet, hätte man von seinen Nachbarn wenigstens mal eine ›kleine Wertung‹ erwarten könnten.«[27] Oder das hier: **18** »Der Eurovision Song Contest 2015 hat gezeigt, dass es mit dem angeblich geeinten Europa in der Musik- und Schlagerszene[28] nicht weit her ist. (...) Ein Trost-Punkt für die deutschen Teilnehmer wäre ein Zeichen der Anerkennung gewesen.«[29] Oder das hier: **19** »Bitte, liebe Leute, hört auf, das schönzureden. Aus der Finanzierung aussteigen, bitte.«[30]

Merke: Wenn wir nicht gewinnen, zahlen wir auch nicht.

Nein, nein, der Berliner Band MIA Sympathien für Rechtsextremismus zu unterstellen, ist selbstverständlich absurd (genauso wenig übrigens wie ich das bei Matthias Matussek tue – nur um das klarzustellen). MIA sind ja vielmehr irgendwo im linksliberalen Spektrum zu verorten, unterstützen »Schule ohne Rassismus«, Amnesty International und Greenpeace. Ganz am Anfang ihrer Karriere haben sie sogar mal auf dem 1. Mai-Fest in Berlin gespielt. Aber genau das macht deutlich, wie weit das politische Koordinatensystem nach rechts gerutscht ist. 2003 – also noch vor dem »Du bist Deutschland«-Hype – veröffentlichten sie ihren Song »Was es ist«, in dem sie »neues, deutsches Land« betreten und den Nationalfarben huldigen:

20 »Ein Schluck vom schwarzen Kaffee macht mich wach.
Dein roter Mund berührt mich sacht.
In diesem Augenblick, es klickt, geht die gelbe Sonne auf«[31]

Okay, eigentlich müsste die Sonne golden sein, aber, herrje, der entsprechende Buntstift war alle und dann nimmt man halt diesen gelben da. Aber die vielleicht schlimmste Textzeile lautet: **21** »Fragt man mich jetzt, woher ich komme, tu ich mir nicht mehr selber leid.«[32] Da ist sie wieder: die Selbstwahrnehmung als Opfer der Geschichte – für die man ja nun wohl genug gebüßt habe, da man sie schließlich aufgearbeitet hat. Und sich sogar mit den Juden »ausgesöhnt« hat. »So, und nun gebt Euch die Hand und sagt Entschuldigung!« Wobei zum Aussöhnen natürlich eigentlich gehört, dass *beide* irgendwie an irgendwas schuld sind (»Mia hat meinen Bauklotz-Turm umgeworfen, nur weil ich ihre Puppe aus dem Zimmer geworfen habe!«). Aber an was sollen denn die deutschen Juden schuld gewesen sein? Daran, dass sie im 1. Weltkrieg reihenweise für den Kaiser, Volk und Vaterland gestorben sind? Aber das ist ein anderes Thema, das wir in diesem Buch später noch behandeln werden. Bleiben wir noch ein bisschen beim Sachverhalt Popkultur und Patriotismus, nicht jedoch ohne uns vorher zu vergegenwärtigen, wie die Deutsche Stimme, eine Zeitung der NPD, auf dieses Lied reagiert hat: **22** »Nach den Erfolgen von Rammstein und den Aussagen des Liedermachers Heinz Rudolf Kunze scheint sich hier also eine weitere prominente Stimme der deutschen Popkultur für ein entspannteres Verhältnis zur eigenen Nation starkzumachen.«[33]

23 »Was es ist« sangen MIA also und ein Jahr später stimmten die Trümmermänner Peter Heppner und Paul van Dyk mit »Wir sind wir« ein. Gebeten worden waren sie allerdings von Guido Knopp, dem Geschichtslehrer der Nation, der für seine

Doku über »Das Wunder von Bern« – auch so ein Wir-sind-wieder-wer-Mythos – noch ein schmissiges Lied brauchte. Und so sang Heppner dann also: »Wir sind wir, wir stehen hier / Aufgeteilt, besiegt und doch / Schließlich leben wir ja noch.«[34] Auch hier: Ich armes Opfer! Besiegt und aufgeteilt! Bestraft mit Marshallplan, Währungsreform und Einbindung in der Europäischen Wirtschaftsgemeinschaft und der NATO. Schlimm!

Gucken wir uns doch das Geschichtsbild von Heppner und van Dyk etwas genauer an. Abzulesen ist es sehr schön an dem Video zu dem »Deutschlandlied«: Da wird als erstes der Reichstagsbrand gezeigt, an den sogleich die »Stunde Null« anschließt. Ein einbeiniger Kriegsheimkehrer folgt auf dem Fuße, dem die Trümmerfrauen den Weg freimachen. Dann, natürlich, die Berliner Luftbrücke, das Wunder von Bern, der Bau der Berliner Mauer, das Wirtschaftswunder, die Ölkrise, der Fall der Berliner Mauer und der umgebaute Reichstag. »Keine Zeit zum Traurigsein«[35] also. Denn wir sind wieder wer beziehungsweise wir sind wir. Bayerisch: Mia san mia.

Auch irgendwie ziemlich deutsch sind »Frei.Wild«. Obwohl sie ja eigentlich Italiener sind. Beziehungsweise Südtiroler. »Frei.Wild«, das musikalische Pendant zum Arschgeweih (was man schon am Bandlogo erkennt), haben deshalb auch das »Südtirol-Lied« geschrieben, indem sie beklagen, dass Südtirol seinen Brüdern entrissen wurde:

> **24** »Schreit es hinaus, dass es alle wissen
> Südtirol, du bist noch nicht verlor'n
> In der Hölle sollen deine Feinde schmor'n.«[36]

Ja, der Weg heim ins Österreich ist für Philipp Burger, den Sänger und Texter der Band, der bis 2008 Mitglied der Südtiroler

Partei »Die Freiheitlichen« war, noch nicht völlig versperrt, denn: **25** »Wir haben nie Wert darauf gelegt, Italiener zu sein. Das hat uns die Geschichte eingebrockt.«[37]

Dieses Lied stammt noch aus dem Repertoire der Rechtsrock-Kapelle »Kaiserjäger«, in der Herr Burger vorher sang (zum Beispiel auch so etwas: **26** »Diese Neger und Yugos werden sesshaft, doch den größten Teil der Schuld trägt nun mal ihr, weshalb hab'n wir auch dieses Gesindel hier!«[38])

Allzu lang hat es die »Kaiserjäger« allerdings nicht gegeben. Nachdem es auf einem ihrer Konzerte zu einer Schlägerei zwischen italienischen und Südtiroler Nazis gekommen war, lösten sie sich auf. Allerdings nicht in Luft, sondern nur so, dass daraufhin »Frei.Wild« in Aktion traten – die mittlerweile zu den erfolgreichsten Bands überhaupt im deutschsprachigen Raum gehören.

27 Stahlhammer, Stahlmann, Stahlzeit, Riefenstahl, Schlagwerk, Hammerschmitt, Ost+Front, Eisbrecher, Leichenwetter, Seelenzorn, Stimmkraft, Weissglut, Maerzfeld und Rammstein – liest man die Namen der Bands der »Neuen deutschen Härte«, fühlt man sich sofort in den Kriegszustand versetzt (was ja auch ein schöner Name wäre). Hört man ihre Musik, spürt man sogar die Bombeneinschläge im Schützengraben (noch ein schöner Name!). Aber auch hier muss man sagen, dass nicht alle diese Bands zwangsläufig Sympathien für rechtsextremes Gedankengut hegen. Manche sind auch nur gedankenlose Patrioten. Dirk Weiss, der Sänger der Band Richthofen, verteidigt den Namen seiner Band zum Beispiel so: »Jeder, der sich mit dem Namen Richthofen genau auseinandersetzt, weiß, daß der Jagdflieger Freiherr von Richthofen nichts mit der Nazi-Scheiße zu tun hatte. Er und sein kämpferisches Image wurden damals einfach von der Propaganda des Dritten Reiches ausgenutzt. Wir haben uns nichts dabei gedacht, als wir diesen Namen für unsere Band wählten. Er klang einfach gut. Punkt. Ich weiß allerdings, daß diese Einstellung etwas blauäugig war.«

Nun, eigentlich gibt es einen ganz einfachen Grund dafür, dass Manfred von Richthofen mit der »Nazi-Scheiße« nichts zu tun hatte. Er wurde am 21. April 1918 abgeschossen – also bevor es die »Nazi-Scheiße« überhaupt gab. Für die Annahme, dass er sich nach der deutschen Kapitulation 1918 zu einem Pazifisten und später womöglich zu einem Antifaschisten entwickelt hätte, gibt es allerdings keinerlei Hinweise. Wahrscheinlicher ist es, dass der glühende Nationalist genau da weitergemacht hätte, wo er zwangsweise aufgehört hat – im Kampf für Volk und Vaterland seinen Mann zu stehen.

Die »Neue deutsche Härte« – was war das noch mal gleich? Ach ja: Musik, die klingt, als wäre sie an der Westfront aufgenommen und im Führerbunker abgemischt worden. Und wer waren die ersten, die derartige Musik gemacht haben? Die Krupps vielleicht, die jedoch »die weltweite Außenwahrnehmung Deutschlands propagieren und gleichzeitig parodieren«[39] (wie Chris Bohn alias Biba Kopf so schön formulierte), die Amerikaner Ministry mit ihrem Opus Magnum »Psalm 69: The Way to Succeed and the Way to Suck Eggs« sowie die in Wolfsburg gegründete Band Oomph!. Allen diesen Bands ist gemein, dass sie zum einen elektronische Musik mit Wave- und Metal-Elementen paaren – und sich politisch mehr oder weniger deutlich positionieren. Was auch für die Slowenen Laibach gilt, deren Ästhetik durch Überaffirmation am stärksten an die faschistische angelehnt ist. Und die die Musikkritiker und Fans durch kryptische, schwer zu dechiffrierende Verlautbarungen lange Zeit im Unklaren ließen, wo sie politisch zu verorten sind. Spätestens durch das Mitwirken an der Nazi-Parodie »Iron Sky« ist diese jedoch offenbar geworden, zudem man inzwischen dazu übergegangen ist, gelegentlich auch Klartext zu reden.

Die wichtigste Band der »Neuen deutschen Härte« ist indes sicherlich Rammstein (die man stets mit einem rollenden R zu sprechen hat). Von Laibach selbst wurden sie in einem Interview als »Laibach für Kinder« abgewatscht. Die mit ihrer Kindermusik zugegebenermaßen weit erfolgreicher sind als ihre Vorbilder, weil sie es geschafft haben, diesen Stil durch eingängige Songs zu popularisieren. Und weil sie ab und an geschickt die Skandal-Karte spielen, sei es indem sie Bilder aus Leni Riefenstahls Olympiafilm benutzen oder einen pornografischen Videoclip drehen.

Politisch stehen sie »in der Nähe jeder Fernsehkamera« (wie einst Wiglaf Droste über Wolf Biermann lästerte), vermeiden also klare Aussagen, sondern verkleiden sogar noch ein Lied wie »links 2 3 4« in einen Marschrhythmus. 28 »Sie wollen mein Herz am rechten Fleck, doch seh ich dann nach unten weg«, reimen sie gnadenlos und bekennen: »Da schlägt es links, links, links«[40].

Diese Ambivalenz bildet die Blaupause für alle Bands aus dem Umfeld der »Neuen Deutschen Härte«. Man benutzt inhaltliche und formale Versatzstücke aus dem Fundus rechter Ästhetik, um sich sogleich halbherzig davon zu distanzieren. Rammstein beanspruchen für sich, Patriotismus von links besetzen zu wollen. Wo auch immer »links« sein soll. Der Schlagzeuger Christoph Schneider zu der Frage, warum Rammstein nicht an Aktionen wie »Rock gegen Rechts« teilnehme: 29 »Was bringt das? Die Rechten sind da. (...) Wir müssen dieses Problem annehmen und endlich akzeptieren, dass es diese Tendenzen in Deutschland gibt. [...] Wir müssen mit denen reden, deren Probleme lösen.«[41] Gehört zu dieser Problemlösungsstrategie, die Fans mit einer riesigen, die gesamte Bühne verdeckenden Nationalfahne zu verhüllen?

Wie gesagt: Rammstein spielen mit dieser Ambivalenz. Sie werden gerne »missverstanden«. Zum Beispiel in ihrem Lied »Mein Land«:

30 »Mein Land, mein Land
Du bist hier in meinem Land
Mein Land, mein Land
Du bist hier im meinem Land
Meine Welle und mein Strand«[42]

In Interviews wiesen sie darauf hin, dass sich der Text darauf bezieht, dass Till Lindemann einmal Ärger mit den »Platzhirschen« an einem amerikanischen Surferstrand bekommen hätte. Dass diese Sätze – losgelöst aus diesem Kontext – natürlich auch ganz anders verstanden werden können – nicht als Kritik, sondern als Anerkennung – wird zumindest billigend in Kauf genommen oder ist sogar intendiert.

Weiteres Beispiel:

31 »This is not a love song,
this is not a love song.
I don´t sing my mother tongue,
No, this is not a love song.«[43]

Das Lied heißt »Amerika« und ist kein Liebeslied, sondern eher das Gegenteil: eine Polemik gegen den amerikanischen »(Kultur)Imperialismus«. Denn *32* »nach Afrika kommt Santa Claus, und vor Paris steht Mickey Maus. (...) We're all living in Amerika, Coca-Cola, sometimes war«[44]. Genauso funktioniert (linker) Kulturpessimismus: »Unsere« Kultur wird okkupiert von einer fremden und primitiveren Nation, die uns zu vereinnahmen sucht.

Ja, und was ist dagegen zu unternehmen? Fragen wir doch einfach Heinz Rudolf Kunze. *33* »Ich habe den Eindruck, daß gerade in Deutschland und in Japan, in den Verlierernationen des Zweiten Weltkrieges also, die Flut von ausländischer Musik und eben auch von ausländischem Schund besonders widerstandslos geschluckt wird«[45], ließ dieser 1996 verlautbaren und verband die knallharte Analyse mit der Forderung, eine Quote für deutschsprachige Musik im Radio einzuführen. Aber nicht etwa, damit nun noch mehr HRK im NDR, SWF und HR3 läuft, sondern damit deutsche Wertarbeit wie die von Blumfeld, Die Sterne und Goldenen Zitronen mehr Luftspiel bekommt – was diese Bands jedoch ablehnten, davon ausgehend, dass es genug Menschen gibt, die ihre Musik auch freiwillig hören.

Andere – oft gerade solche, die keine Musik machen, die irgendjemand hören möchte – klatschten hingegen sportpalastfrenetisch Beifall, zum Beispiel Ole Seelenmeyer, das Sprachrohr des unsäglichen »Deutschen Rockmusikerverbandes«, der vom »Genozid an der deutschen Rockmusik«[46] plapperte.

Auch Konstantin »Tobe, zürne, misch Dich ein!« Wecker, Reinhard »Ich wollte wie Orpheus singen« Mey, Wolfgang »Arsch huh, Zäng ussenander« Niedecken und Udo »Und ewig rauscht die Linde« Lindenberg gehörten – zumindest anfangs – zu den Befürwortern einer Quotenregelung, um deutschen Künstlern eine Chance gegen die »übermächtige amerikanische Konkurrenz« zu geben. Nachdem genug Porzellan zerschlagen wurde, distanzierten sich viele von ihnen wieder von dem Quoten-Quatsch. Die Mühlen der Kulturbürokratie waren allerdings schon in Bewegung gesetzt, so dass die Mitglieder der Bundestags-Enquete-Kommission »Kultur für Deutschland« nun für einige Jahre damit beschäftigt waren, sich mit diesem Thema auseinanderzusetzen – man hat ja sonst nichts zu tun. Nachdem genug getagt worden war, sprach sich der Deutsche Bundestag am 2004 für eine deutsche Musikquote aus. Mit einer Selbstverpflichtung der heimischen Radiosender soll nun ein Marktanteil von 35 % von deutschen Künstlern beziehungsweise von Musik, die in Deutschland produziert wird, erreicht werden.

Überhaupt unterstützten Deutschlands klügste Köpfe – also Erwin Huber und Wolfgang Thierse – die Forderung nach einer Quote für deutschsprachige Musik, da es die Franzosen ja genauso machen würden, was dazu geführt habe, dass die französische Musik so vielfältig sei wie nie, dank reduzierter Amikultur. Übrigens fanden sich sogar in der Indie-Szene genug Leute, die so eine Regelung ganz gut fanden, zum Beispiel Frank Z. von Abwärts. Ja, sogar die große Inga Humpe vom Elektropopduo 2raumwohnung ließ es sich nicht nehmen, den Leuten »klarmachen« zu wollen, »dass es um den Verlust unserer Identitäten, unseres geistigen Erbes geht, wenn nicht bald etwas geschieht.«[47] Andreas Hartmann erwiderte in der taz, dass es »schon deprimierend genug (ist), dass man sich wieder gezwungen sieht, klarzustellen, dass das Tolle an Pop immer seine Identitätslosigkeit war, dass er Grenzen ignoriert hat und sich über all die Jahre hinweg nicht mono-, sondern interkulturell fortgepflanzt hat.«[48] Und vor allen Dingen zwanglos oder sogar gegen alle Widerstände, sei ergänzt.

Nun weiß man gar nicht, wozu es eigentlich einer Quote bedarf, denn die Deutschen hören doch sowieso schon am liebsten deutsche Musik (oder Musik aus Deutschland), weshalb auch die Bild-Zeitung im Juli 2015 jubeln konnte: **34** »SO deutsch waren die Charts noch nie«[49]. Endlich hat also mehr Vielfalt Einzug in die deutsche Musik gefunden. Werfen wir doch einen Blick auf die Top 10 der Albumcharts:

Da findet sich neben Rappern mit Migrationshintergrund aus Köln, Hamburg oder Frankfurt der Sampler »Sing meinen Song« (also eine CD mit alten Liedern, die von irgendwelchen anderen Leuten gesungen werden, von denen man im Gegenzug auch irgendwas singen muss, wenn man Pech hat sogar von Xavier Naidoo oder Hartmut Engler). Des Weiteren sind dort Alben von Sarah Connor (»Sing meinen Song«-Teilnehmerin), Gregor Meyle (»Sing meinen Song«-Teilnehmer), Christina Stürmer (»Sing meinen Song«-Teilnehmerin) und Pur (die Band des »Sing meinen Song«-Teilnehmers Hartmut Engler) gelistet. Nur Martin Lacincy von Marteria und die Shanty-Popper Santiano fallen etwas heraus. Ob man bei letzteren aber die Qualitätsmerkmale allzu hoch ansetzen sollte, sei dahingestellt.

Zwischenruf

Ich will nicht unterhalten werden!

Wenn die Arbeit getan ist und die Kinder das Bett hüten, auf dass es nicht wegläuft, darf ich mich endlich sofakartoffelig vor die Glotze hängen, um Zerstreuung zu finden und mich abzulenken von den Mühen des Tages. Leider teilen die Damen und Herren, die in der Programmplanung der Fernsehgesellschaften beschäftigt sind, keineswegs meinen erlesenen Geschmack und beleidigen meinen Intellekt durch allerlei unsinnige, überflüssige und oft auch schädliche Sendungen.

Ich freue mich auf den Tag, an dem das Volk mich bittet, eine gottgefällige Erziehungsdiktatur zu errichten. Dann wird es ein Fernseh- und Radioprogramm geben, auf dass euch Hören und Sehen vergehen wird, das kann ich euch versprechen. Da dies jedoch, wie ich befürchte, auf absehbare Zeit nicht geschehen wird, sehe ich mich gezwungen, hier und heute meinen Unmut kundzutun über diese Verblödungsmaschinerie, die auch gerne als Fernsehunterhaltung bezeichnet wird.

Sicherlich, dereinst, wenn ich alt und grau bin, werde auch ich mich vielleicht mit Gleichaltrigen und ebenso Grauhaarigen zusammensetzen und mich über das Fernsehprogramm von damals, aus der guten alten Zeit, austauschen, als die Welt und wir noch jung waren. »Ach, war das schön! Dieser nette, adrette Quizmaster, wie hieß der noch gleich ...?« »Mir liegt's auf der Zunge. Jochen Güll war's nicht, aber so ähnlich ... Ach, ja, Günther Jauch!« »War der nicht Pate bei der Aktion ›Rettet den Regenwurm‹? Und hatte der nicht 37 Adoptivkinder?« »Nein, 22 waren's bloß, die anderen Gören hat er selbst gemacht. Ein guter Mensch!« »Ja, mehr Multimillionäre wie ihn und die Welt sähe besser aus.«

So redet man sich die Vergangenheit schön, doch diese Zeiten sind noch lange hin und noch bin ich wachen Geistes und erkenne, wenn man mich verarschen will.

Jauchens Quizsendung zählt zum Beispiel zu den ekelhaftesten Formaten, die das deutsche Sendegebiet verstrahlen, da es an Heimtücke kaum zu überbieten ist. Es ist nicht nur extrem verblödend, sondern täuscht auch noch vor, dass es so etwas wie einen Bildungsauftrag hätte. Ähnlich wie all die Taschenspieler, die bei »Wetten dass..?« aufgetreten sind, führen die Kandidaten hier Kunststückchen vor, als wenn sie abgerichtete Seehunde wären. Als Belohnung bekommen sie keine Fische, sondern Geld und einige werden auf diese Weise sogar recht wohlhabend, wenn auch nicht so unverschämt reich, wie Günther »Ich liebe Euch doch alle!« Jauch es jetzt schon ist. Natürlich machen bei »Wer wird Millionär?« auch immer wieder Leute mit, denen ihr plötzlicher Reichtum zu gönnen ist und der Traum vom schnellen Geld ist nicht per se verwerflich – doch schön anzusehen ist dies sicherlich nicht. Zumindest ermüdet es auf Dauer zuzuschauen, wie nach dem immer gleichen Muster Fragen gestellt und beantwortet oder nicht beantwortet werden, begleitet von Jauchens Scherzchen und dem Setzen von Jokern. Kennst du *eine* Sendung, kennst du alle. Woran besteht also deren Reiz? Ganz einfach: Der Zuschauer fühlt mit, verteilt seine Sympathien, gönnt oder missgönnt, und darf sich überlegen fühlen, denn vom Fernsehsessel aus weiß man alles besser. Aber ich weiß ja sowieso alles besser, da brauch' ich keine Sendung, die mich in dieser Ansicht bestärkt.

Zwischenrufe

Verstrahlt

Heinz Rudolf Kunze will mehr deutsches Liedgut hören.
Englische Songs sollen nie mehr unsere Wellen stören.

Leidkultur

Deutschland ist mein Vaterland,
hier lehrten Hegel einst und Kant.
Nun haben wir den Dieter Bohlen,
das Niveau nach unten zu holen.

Wetten dass..?

Markus Lanz, der kann es nicht lassen,
die Wagenknecht so richtig zu hassen,
ihr geschickt das Wort abzuschneiden,
(ich glaube gar, er kann sie nicht leiden)
und ihr die Sätze im Mund zu verdrehen
(»Nun soll sie doch mal endlich gehen!«).
Markus Lanz, der kann es kaum lassen,
Rundfunkgebühren zu verprassen.

Akif Pirinçi ... Habe ich den schon erwähnt? Beziehungsweise zitiert? Nein? Nun, wir werden noch öfter auf ihn zu sprechen kommen. Beim Thema »Öffentlich-rechtlicher Rundfunk« redet er – der so oder so nicht besonders zurückhaltend in seiner Ausdrucksweise ist – sich jedenfalls so richtig in Rage (vielleicht haben sie im ZDF sein Katzenvideo »Felidae« nicht oft genug gezeigt): **35** »Der öffentlich-rechtliche Rundfunk ist scheiße, die Leute, die ihn betreiben, sind scheiße, das, was sie teuer fabrizieren, ist scheiße, und deshalb kriegen die Leute von so einer Scheißanstalt auch nur Scheiße zu hören und zu sehen.«[50]. Oder das hier: **36** »(D)er öffentlich-rechtliche Rundfunk wird wie allseits bekannt von der jeweiligen aktuellen Politik so intensiv durchgefickt wie eine Hure, die seit dreißig Jahren im Geschäft ist«[51]. Das liegt nämlich daran, analysiert er messerscharf, weil da ein »Haufen von superhäßlichen Arschkriechern und Garnichttalentierten«[52] arbeitet, denen das »Hirn vollgeschissen«[53] wurde, was ja eigentlich nicht weiter schlimm wäre, denn dieses wird ja gleich wieder gesäubert. Durch »Hirnwäsche«[54] nämlich.

37 »Können Sie mir mal verraten, wer diesen ganzen Scheiß anhören soll?«[55], fragt er – und ich bin versucht, die Frage zurückzugeben.

Zwischenruf

Der Herr der Ringer

Ist »300« wirklich ein cineastisches Meisterwerk? Oder nicht vielleicht doch eher die »zeitgenössische Umsetzung der Leni-Riefenstahl-Ästhetik«? Oder aber doch nichts weiter als »harmloses Popcorn-Kino«?

Die Antworten auf diese Kritiker-Urteile lauten: Ja. Ja. Nein.

Dieser Film hätte vor einigen Jahren wohl zu einer größeren WG-Zwistigkeit zwischen mir und meinem damaligen Mitbewohner geführt. Er hätte mich darauf hingewiesen, dass »300« »gut gemacht« sei. Was natürlich stimmt. Ich hätte darauf erwidert, dass der Film »faschistoider Scheißdreck« sei. Was natürlich auch stimmt. Und dann hätte ich noch gehässig hinzugefügt, dass »Jud Süß« schließlich auch gut gemacht sei. Was leider ebenfalls nur allzu wahr ist.

»Jud Süß« habe ich mir einmal im Rahmen einer Filmreihe über nationalsozialistische Ästhetik an der Braunschweiger Kunsthochschule anschauen dürfen. Seine manipulierende Wirkung habe ich damals als äußerst verstörend empfunden. »300« ist jedoch etwas ganz anderes, denn dieser Film macht verdammt viel Spaß. Sein Regisseur Zack Snyder kommt – wie sollte es anders sein – aus der Werbebranche und feierte mit dem Remake des Splatter-Klassikers »Dawn of the Dead« sein Spielfilm-Debüt. Schon damit hat er viel Unmut auf sich gezogen. Nicht nur wegen der expliziten Gewaltdarstellungen, sondern vor allem, weil er diesen Film mit einer Dokumentar-Sequenz beginnen lässt, in der betende Moslems gezeigt werden, die durch den Kontext vom Zuschauer als Bedrohung wahrgenommen werden müssen. Mag es auch speziell *diesen* muslimischen Glaubensbrüdern unfair gegenüber gewesen sein, weil sie vielleicht ganz harmlos sind, so ist doch die Aussage sehr deutlich: Religiöse Terroristen bedrohen unsere kleine heile Welt. Und so unterscheiden sich auch Snyders Zombies grundlegend von Romeros. Sie sind schnell und sie schlagen überraschend zu. Die so friedliche wie in ihrer Ausdehnung monströse Einfamilienhaussiedlung wird innerhalb weniger Filmminuten zum Ort unvorstellbarer Schrecken. Und man empfindet eine gewisse Schadenfreude dabei, wie diese Mittelstandsidylle vollständig zerstört wird.

Auch bei »300« gibt es einiges zu lachen – wenn man abbe Arme, abbe Beine, abbe Köppe und rauße Augen lustig findet.

Und um die Perser an einer bestimmten Stelle zum Angriff zu zwingen (dort, »wo ihre Übermacht keinen Vorteil mehr bietet«), bauen die Spartaner eine Mauer aus den toten Leibern feindlicher Soldaten. Kranker Humor, aber Humor. Der Film hat sowieso alles, was eine gute Geschichte braucht: einen plausiblen Plot, überzeugende Protagonisten, einen gleichwertigen Antagonisten, interessante Nebenfiguren (besonders den gollumartigen Aussätzigen) und natürlich Liebe, Triebe und Verrat.

Aber kommen wir zum eigentlich Manko des Films, seinem ideologischen Gehalt. Ruhm und Ehre, Todessehnsucht, Vernichtung unwerten Lebens, Ablehnung von Dekadenz, Korruption und der Macht des schnöden Mammons – hier gibt es das volle populistische Programm, das auch und vor allem rechten Zeit- und Volksgenossen gefallen dürfte. Im Mittelpunkt steht immer wieder »unser Land«. Patriotismus hat wieder Hochkonjunktur, ist erneut massenkompatibel geworden.

Vergleicht man »300« zum Beispiel mit dem Barbarenepos »Conan« aus den frühen 80er-Jahren wird dieser Paradigmenwechsel sehr deutlich. Denn Conan ist ein Individualist und ein Nihilist, der in erster Linie seine Rachegelüste stillen will und daher auch niemals vorhat, sich für die gute Sache zu opfern. Und es deshalb auch nicht tut. Aber das bleibt letztendlich nur Vermutung, denn zu seinen Motiven schweigt er verbissen. Ganz anders als der so unlakonisch geschwätzige König von Sparta, der unaufhörlich Propaganda-Gewäsch von sich gibt und sich nichts sehnlicher wünscht, als für die gute Sache zu sterben. Was ihm ja schließlich auch vergönnt ist.

Das ist in der Tat nationalistisch – das Land ist mehr wert als die einzelne Person – und birgt in sich schon den Keim des Faschismus. Die Fußballweltmeisterschaften mögen von der Mehrheit der Bevölkerung als eine spaßige Angelegenheit wahrgenommen werden, es gehört jedoch nicht allzu viel dazu, aus Spaß Ernst werden zu lassen. Es braucht nur einen äußeren Anlass beziehungsweise einen äußeren oder inneren Feind: eben ein anderes Land oder eine Minderheit im eigenen Land. Es wird sich schon was finden, wenn's darauf ankommt.

So bleibt ein mehr als fader Beigeschmack nach all diesem heiteren Gemetzel. Zur Versöhnung nach unserem kleinen Krach hätten mein Mitbewohner und ich uns vielleicht gemeinsam den Splatterklassiker »Braindead« von Peter Jackson angeschaut, dessen Wandel vom Horror-Provokateur zum Mythen-Erzähler gewisse Ähnlichkeiten zu dem Werdegang Snyders aufweist.

Aber das ist wieder eine ganz andere Geschichte.

Nation und Religion

oder

Wir sind Papst!

38 »Eventuell haben hier ja auch ganz andere Mächte mit eingegriffen, um dem schamlosen Treiben endlich ein Ende zu setzen. Was das angeht, kann man nur erleichtert aufatmen! Grauenhaft allerdings, dass es erst zu einem solchen Unglück kommen musste.«[56]

So kommentierte Eva Hermann am 25. Juli 2010 die Katastrophe bei der Duisburger Loveparade, bei der 21 junge Raver starben. Die ehemalige Tagesschau-Sprecherin war mittlerweile bei der Online-Seite des Kopp-Verlags gelandet, der sich auf Verschwörungstheorien spezialisiert hat. Der größte Verschwörer von allen scheint übrigens Gott selbst zu sein:

> Gott liebt uns alle gleich, denn wir sind seine Kinder.
> Nur manche liebt er sehr viel mehr und andere nur minder.

Zwischenruf

Debattenbeitrag zum Thema katholische Kirche I

> Der Papst, das ist ein feiner Mann, er trägt gern Frauenkleider,
> Warum er unter Männern ist, das weiß ich nicht, ach leider.

39 Religion ist Privatsache in Deutschland. Und das ist auch gut so. Ich selbst bin nach meiner ersten Gehaltsabrechnung aus der evangelischen Kirche ausgetreten. Das lag eigentlich gar nicht an den paar Euro, die mir da abgezogen wurden. Ich wurde bloß daran erinnert, dass ich ja gar nicht gläubig bin. Und so geht das auch den meisten anderen Leuten, die aus der Kirche austreten. Bei einem Blick auf den Kontoauszug fällt ihnen halt auf, dass sie mit der Kirche nicht allzu viel am Hut haben. Immerhin ist meine Frau in der Kirche, ja sogar meine Kinder sind getauft, weil mein Schwiegervater (ein gerissener Hund, den ich sehr schätze) sich anbot, die Taufe seiner Enkelkinder auszurichten, anstatt seinen 60. Geburtstag zu feiern. Inzwischen ist meine Tochter sogar konfirmiert. Ich selbst hätte sie ja gerne an der Jugendweihe teilnehmen lassen, aber das hat nicht geklappt, weil sich niemand zuständig fühlte und mir ein Mitarbeiter des Vereins, der das in meiner Heimatstadt normalerweise ausrichtet, beschied, dass die Jugendweihe im nächsten Jahr ausfallen würde. Außerdem war die Konfirmation sehr schön. Die Pastorin sprach von *Wein*fässern und rollte stattdessen ein *Atom*fass herein. Überhaupt bemühte sie sich, um eine lebensnahe Ausrichtung der Feier. Man merkte, dass sie alles glaubt, was sie da sagt. Ihre Predigt handelte von »Glaube, Liebe, Hoffnung« und dass die Liebe das Größte davon sei. Ich knüpfte in meiner Rede beim anschließenden Grillen daran an, indem ich auf Rio Reiser verwies, der ja nicht nur Rockmusiker und Hausbesetzer, sondern auch ein schwuler Christ war. Und der gerade deshalb »Halt dich an deiner Liebe fest« sang.

Trotzdem gibt es natürlich eine ganze Menge an der Kirche zu kritisieren. Das hat sogar Matthias Matussek mitbekommen: »Die Debattenbeiträge zum Thema katholische Kirche sind eine geradezu beleidigende Unterforderung der Intelligenz, denn sie kreisen um die immer gleichen Reizthemen: Zölibat, Papst, Priester. Gleich drei Verstörungen, nämlich kein Sex, keine Demokratie, keine Gleichberechtigung. Völlig quer, der Haufen!«[57] Richtig, so sieht's aus! Und es stimmt ja auch: Mit ein bisschen gutem Willen könnte man der katholischen Kirche sogar nachweisen, dass sie fortwährend gegen das Grundgesetz verstößt, wenn nicht sogar auf dessen Beseitigung hinarbeitet. Aber durch die ebenfalls dort verankerte Religionsfreiheit ist wiederum fast alles legitimiert, was kleinere oder größere Sekten so treiben. Glück gehabt, Franziskus!

Aber mal im Ernst: Natürlich will hier niemand die Kirchen verbieten, aber vielleicht darf man doch darauf hinweisen, dass sie eine ganze Menge Dreck am Stecken haben. Ich will hier gar nicht von den Kreuzzügen und der Inquisition anfangen oder davon, dass die Kirchen noch mit jedem faschistischem Staat kollaboriert haben. Insbesondere die katholische Kirche stellt sich im Zweifelsfalle immer auf die Seite der Herrschenden (weshalb sie auch die Befreiungstheologen mundtot machte). Nur so konnte sie zweitausend Jahre überdauern – durch die Kooperation mit der Macht.

40 »Nehmen wir nur den Zölibat, der den katholischen Priester am augenfälligsten von seinem protestantischen Kollegen unterscheidet. Man wendet gegen ihn ein, dass ein katholischer Priester Eheleuten keinen Rat geben könne, weil ihm die Erfahrung fehle. Kann es der geschiedene evangelische Pfarrer denn besser? Die Scheidungsrate in evangelischen Pfarrhäusern ist hoch. Gibt es bei denen dann nicht viel eher das Glaubwürdigkeitsproblem, wenn sie zur Eheschließung die Formel sprechen: ›Was Gott zusammengefügt hat, soll der Mensch nicht lösen‹?«[58] Genau, nehmen wir doch den Zölibat. Nun muss ich gestehen, dass es mir egal ist, ob erwachsene Menschen Sex haben und wenn ja, wie oft und mit wem. Das ist Privatsache, das kann jeder so machen, wie er will. Was mich tatsächlich stört, ist, dass die Ehe- und Geschlechtsverkehrslosigkeit durch die katholische Kirche institutionalisiert ist. Die Priester – die organischen Intellektuellen der Kirche, die nur ihren Oberen verpflichtet sind – separieren sich damit vom Rest der gläubigen Bevölkerung, für die sie ja eigentlich zuständig sind. Damit hat sich die katholische Kirche ein nahezu perfektes Machtinstrument geschaffen (das übrigens – nebenbei bemerkt – keineswegs theologisch abgesichert ist).

Der Zölibat erklärt auch die äußerst konservative Haltung der katholischen Kirche in den Fragen des Alltags. Wer Kinder hat, weiß, dass man durch sie kaum umhin kommt, mit der Zeit zu gehen. Sie entwickeln eigene Vorstellungen von Moral, Politik und Kultur – und sie zwingen einen, die eigenen zu überdenken. Der Umkehrschluss: Wer keine Kinder hat, droht zeitlebens das Gleiche zu glauben und zu denken. Oder das, was ihm von den Kirchenoberen aufgetragen wird, zu glauben und zu denken.

Dass der Verzicht auf Sex kaum ein ganzes Leben lang durchzuhalten ist, ahnt sogar Matussek: **41** »Ich weiß, dass (der Zölibat) oft missglückt. Dass er umgangen wird, dass er zu Doppelbödigkeiten, zu versteckten Familien, zu falschen Fassaden führen kann. Aber dort, wo er gelingt, hat er für mich etwas Strahlendes.«[59] Jetzt darf man vielleicht doch fragen, warum man den Zölibat unbedingt haben will, wenn man doch weiß, dass der Versuch ihn einzuhalten, so oft scheitert. Wäre es nicht sinnvoller, einfach diejenigen, die sowieso keinen Bock auf Geschlechtsverkehr haben, sexlos leben und die anderen ihren Spaß und ihre Familien haben zu lassen? Aber das ist eben »Religion« – mit Logik kommt man da nicht weiter. Denn: **42** »Ja, der zölibatäre Priester ist eine auratische Glaubens-Figur. Er lebt im Vorhof des Heiligen. Er lebt eine radikale Frömmigkeit und dient mit Einsatz seines Lebens und verweist auf die zukünftige Welt.«[60] In der es dann also auch keinen Sex gibt.

Schade eigentlich.

Zwischenruf

Debattenbeitrag zum Thema katholische Kirche II

Wer Priester ist, darf nicht bei Damen liegen.
Sein Glück allein: im Glaubenskrieg zu siegen.

43 »Und was meine Vorbehalte gegen die Ordinierung von Frauen zum Priesteramt angeht«, fährt Matussek fort, »gibt es für mich keinen anderen Grund als wiederum den einer ehrwürdigen Tradition, in deren Urgrund das Bild von Jesus und seinen Jüngern liegt. Es waren Fischer, die ihre Netze liegen ließen und sich diesem wandernden Endzeitprediger anschlossen, der nach den Rekrutierungspassagen der Evangelien keinen Zweifel daran ließ, dass er bindungslose einzelne Männer bevorzugte und sich in einer durchaus antifamiliären Rhetorik gefiel.«[61] Na, wenn's Tradition ist, dann muss es wohl so sein. Denn was wäre die Welt ohne Traditionen? Eine bessere wahrscheinlich, okay, aber sonst? Dass Jesus lieber Männer um sich hatte, kann natürlich viele Gründe haben: Zufall, Homosexualität oder Frauenfeindlichkeit. Suchen Sie sich einen aus. Dass aber eine Kirche, die auf jemanden gründet, der gegen die Familie agitierte, diese nun dermaßen hochhält, könnte man als Widerspruch ansehen.

Und tatsächlich entbehrt es auch heute nicht einer gewissen unfreiwilligen Komik, dass ausgerechnet die katholische Kirche das Sakrament der Ehe mit Händen und Füßen verteidigt. Ist sie doch gleichzeitig diejenige, die ihren Funktionären die Familiengründung untersagt. Und so muss man sich immer wieder von Priestern und Mönchen erklären lassen, dass (effektive) Empfängnisverhütung Sünde ist, dass vorehelicher Geschlechtsverkehr Sünde ist oder dass Promiskuität Sünde ist. Mein Gott, ich lasse mir doch auch nicht von einem Blinden etwas über die Farbgebung bei Rembrandts Bildern erzählen!

44 Bleiben wir noch ein bisschen bei Matussek und der Sünde: »Keiner kam auf die Idee, zu fragen, warum sich die Flut des Missbrauchs erst nach den tektonischen Erschütterungen der 60er Jahre Bahn gebrochen hatte.«[62] Ja, also Fragen stellen kann man eine ganze Menge, aber in diesem Falle macht es keinen Sinn. Es ist tatsächlich nicht so, dass es durch die gesellschaftliche Liberalisierung in den 60er-Jahren zu mehr Missbrauchsfällen gekommen ist. Andersherum wird ein Schuh daraus: Erst die Demokratisierung der staatlichen und zivilgesellschaftlichen Institutionen hat dazu geführt, dass diese überhaupt aufgedeckt wurden. Und selbstverständlich hat es derartige Dinge beispielsweise auch in staatlichen Kinderheimen gegeben. Dass jedoch die Täter nicht ins Gefängnis kamen, sondern in Waisenhäuser strafversetzt wurden, ist eine kirchliche Spezialität[63]. Auf *diese* Idee ist sonst tatsächlich niemand gekommen.

45 Was ist wichtiger? Die Nation oder die Religion? Natürlich die Nation, denn schließlich treten bei der Fußballweltmeisterschaft Nationalmannschaften an und nicht die Abordnungen von Kirchengemeinschaften. Manchmal fallen natürlich beide Sphären zusammen – zum Beispiel am 20. April 2005, als die Schlagzeile der Bild-Zeitung »Wir sind Papst!«[64] lautete. Das war der Tag, nachdem Joseph Kardinal Ratzinger im zarten Alter von 78 Jahren zum Chef der katholischen Kirche gewählt wurde. Was man bei denen so »Wahl« nennt. Die funktioniert nämlich so, dass sich die Römische Kurie aus den Mitgliedern der Leitungsorgane der katholischen Kirche zusammensetzt – und die werden vom Papst ernannt. Wodurch die Päpste über ihren Tod hinaus bestimmen, wer das nächste kirchliche Oberhaupt ist. Dieses ernennt dann wiederum die neuen Mitglieder der Kurie, die den nächsten Papst wählen. Der dann wiederum ... Dass ein derartiges System – vorsichtig gesagt – ein wenig konservativ gestimmt ist und mit Demokratie einfach mal so gar nichts zu tun hat, muss ich wohl nicht extra betonen.

Kardinal Ratzinger also. Ich will hier gar nicht groß darauf eingehen, dass der kleine Joseph einst Hitlerjunge war und der etwas größere Wehrmachtssoldat (wenn wir damit anfangen, wäre in Deutschland eine ganze Generation von öffentlichen Ämtern ausgeschlossen gewesen und hätte niemals demokratisches Verhaltensweisen üben können). Aber dass »Ratze« (wie ihn das Titanic-Magazin liebevoll genannt hat) einst Chef der Glaubenskongregation war, ist vielleicht schon interessant. Denn immerhin war diese vormals die »Kongregation der römischen und allgemeinen Inquisition«, die gegründet worden war, um das Vordringen der protestantischen Konkurrenz in Italien zu verhindern. Unter anderem war dieser illustre Kreis für die Verurteilung von Giordano Bruno und Galileo Galilei verantwortlich und erstellte eine eigene Liste für verbotene Bücher, den Index Librorum Prohibitorum.

Und auch wenn man diese Dinge natürlich nicht mehr unbedingt Ratzinger selbst anlasten kann und man es sogar als einen Fortschritt ansehen mag, dass der Index 1966 offiziell abgeschafft wurde (Jean-Paul Sartre gebührt die Ehre, es als letzter auf diese Liste geschafft zu haben), kann man, denke ich, trotzdem sagen ohne zu lügen, dass Benedikt XVI., wie sich Joseph Aloisius Ratzinger von nun an nannte, nicht gerade die Speerspitze einer katholischen Variante von Perestroika und Glasnost war.

Beispiel gefällig: Bei der Eröffnung der lateinamerikanischen Bischofskonferenz in Aparecida (Brasilien) im Mai 2007 ließ er verlauten, dass die Christianisierung Lateinamerikas von den Ureinwohnern des Kontinents unbewusst herbeigesehnt worden sei. Von einer Oktroyierung einer fremden Kultur könne also keineswegs die Rede sein. Einige Vertreter der Indios widersprachen heftig und bezeichneten dies als »arrogant und respektlos«[65]. »Zu sagen, dass die kulturelle Dezimierung unserer Volkes eine Reinigung darstellt, ist beleidigend und – offen gesagt – beängstigend«[66], bemerkte zum Beispiel Sandro Tuxa. Und der deutsche Historiker Hans-Jürgen Prien erkannte in diesen Äußerungen völlig zurecht »eine unglaubliche Geschichtsklitterung«[67] und einen Rückschritt gegenüber der Position von Johannes Paul II., der 1992 immerhin Fehler bei der Evangelisierung der einheimischen Stämme und Völker eingeräumt hatte. Soviel zu dem Mann, der auf der Forbes-Liste der 70 mächtigsten Menschen der Welt im Dezember 2012 auf Platz 5 stand.

Aber kommen wir noch mal auf die erwähnte Schlagzeile der Bild-Zeitung zu sprechen, die einerseits auf Vorbilder wie »Wir sind Weltmeister« zurückgeht, andererseits jedoch nachgeahmt wurde. So waren wir Deutschen nicht nur Papst, sondern auch »Kanzler« (2005), »Preußen« (2006), »WeltmeisterIN« (2007), »Nobelpreis« (2007) und »Oscar« (2008). Die Begeisterung für diesen Nonsens-Satz kannte keine Grenzen, so dass auch die Gesellschaft für deutsche Sprache meinte, die Redewendung »Wir sind Papst!« auf den zweiten Platz unter den zehn »Wörtern des Jahres 2005« setzen zu müssen. Auch der Art Directors Club war begeistert und verlieh dem Flaggschiff des Springerkonzerns einen Goldenen und Silbernen Nagel für die Gestaltung der Zeitung und den Text der Schlagzeile. Vielleicht damit das Brett vor dem Kopf sicher befestigt werden kann. Nur der oberbayerische Komiker Michael Mittermaier zeigte sich uneinsichtig und wies darauf hin, dass nicht »ihr Deutschen«, sondern »wir Bayern«[68] Papst seien. Was ich okay finde, vor allen Dingen, wenn man im Hinterkopf behält, dass die Bild wahrscheinlich eines Tages mit der Schlagzeile »Wir sind tot!« erscheinen wird, nämlich dann, wenn der Ex-Papst das Zeitliche segnet. Nach all den anderen Dingen, die er so gesegnet hat.

Zwischenruf

Ratze ante portas

Es geht die frohe Kunde,
vorbei sei alle Not.
Drum schmeiß ich noch 'ne Runde,
der Papst ist endlich tot!

Doch treulos ist die Christenwelt,
sie tat sich nicht lang scheuen.
Ich fordere zurück mein Geld:
Rasch wählte sie 'nen Neuen!

46 Leider sind wir ja seit Februar 2013 kein Papst mehr, aber das soll uns nicht weiter jucken, denn auch den Argentiniern ist dieser Titel durchaus zu gönnen. Zudem sie mit Franziskus ein echtes Prachtexemplar stellen. Aber ich sollte vorsichtig sein, denn eben jener verkündete nach den Morden an den Satirikern von Charlie Hebdo, dass »man ... den Glauben anderer nicht beleidigen, man ... sich darüber nicht lustig machen (darf)«[69]. Beziehungsweise sollte. Oder kann. Jedenfalls höre ich bei diesem Satz ein bisschen zu viel Verständnis für die islamistischen Terroristen heraus. Franziskus hat in seinen Reden, Predigten und Interviews schon einige Klopfer gebracht. Diesen hier zum Beispiel: »Einige glauben – entschuldigt den Ausdruck – dass wir, um gute Katholiken zu sein, wie die Kaninchen sein müssen. Nein. Verantwortliche Elternschaft, die muss man suchen. Und ich kenne viele erlaubte Methoden, die dabei geholfen haben.«[70] Mit Klopfer meine ich übrigens nicht den Ausdruck »Karnickel«, denn der ist einfach nur sehr bildlich. Vielmehr liegt mein Augenmerk auf den vielen »erlaubten Methoden«. Meint er die zur Empfängnisverhütung? Dann kennt er sie wohl nur vom Hörensagen oder aus Bilderbüchern. Oder meint er erlaubte Methoden, um Eltern zu werden? Da gibt's ja eigentlich nicht so viele.

Zwischenruf

Sternenkunde

Wenn ich mal nicht weiter weiß, frage ich die Sterne,
die oben steh'n am Himmel in so weiter Ferne.
Die Sonnen wissen ganz genau, was passiert auf Erden,
was hier ist und was wir sind und was wir wollen
 werden.

Die sozialen Netzwerke haben zumindest etwas Positives: Sie berauben einen aller Illusionen, enttäuschen also im doppelten Wortsinn. Inzwischen traue ich mich kaum noch, heikle Themen im Netz anzusprechen, denn das Wissen darum, wie viele Leute sich im unmittelbaren Bekanntenkreis befinden, die dumme und unsympathische Ansichten vertreten, ist mehr als erschreckend. Über dieses Zitat – ein Gottesbeweis – bin ich allerdings eher zufällig gestolpert: 47 »wenn gott nicht das universum und unsere physik gesetze geschaffen hat dann wie kann es sein dass wasser bei genau 0 Grad friert und bei genau 100 grad kocht? zufällig zwei runde zahlen, was wäre die wahrscheinlichkeit?«[71] Tja, wie hoch wäre dann die

Wahrscheinlichkeit? Vielleicht drölf? Oder dranzig? Oder läge sie bei Minus 7? Ich weiß es nicht genau, vermute aber einen nicht geringen menschlichen Einfluss auf die Festlegung der Celsius-Temperaturskala. Könnte ja sein!

Bevölkerungspolitik

oder

Die heilige Familie

Schön, dass es in Deutschland Meinungsfreiheit gibt. Unschön, dass sie für jeden gilt. Sogar ein Thilo Sarrazin darf sein dröseliges Gedankengut hier ungestraft verbreiten. Oder der Paradekatholik Matthias bzw. Matthäuslukasjohannes Matussek, der sich darauf spezialisiert hat, in gesellschaftlichen Diskursen die jeweils unangenehmste und abwegigste Position einzunehmen. Und natürlich findet er auch immer noch jemanden, der geistesabwesend nickt, was er fälschlicherweise als Zustimmung auslegt.

Die größte Ansammlung an tabubrechenden Kreuz- und Querdenkern findet man in den täglichen Talkshows. Der Schweizer Ausländerbegrenzungsbefürwortungsredakteur, der kinderreiche Chefevangelist und der homophobste Publizist der Republik – sie alle werden in diesen Freakshows ausgestellt, damit die Zuschauer sich beruhigt in ihren Fernsehsesseln zurücklehnen und erleichtert seufzen können: »Gut, dass *ich* nicht so viel Unsinn erzähle!« Bei Sarrazin stellt sich auch noch ein gewisser Nervenkitzel ein. Wird er diesmal wirklich beim Sprechen sanft entschlummern und in den Schlaf der Selbstgerechten fallen? Oder schafft er es wieder mal, die Talkshow halbwegs wach zu überstehen?

Na klar, manche nennen das, was aus solchen Meinungsmachern ungebremst herausbröselt, den »gesunden Menschenverstand« – der aber bekanntlich in vielen Fällen nicht weit vom »gesunden Volksempfinden« entfernt ist. Man sollte auch nicht den Fehler begehen, zu glauben, dass nur Männer nichts Gescheites zu sagen haben. Es gibt genügend Frauen, die sich bemühen, in dieser Disziplin gleichberechtigt Anschluss zu halten. Zum Beispiel die Buchautorin Sybille Lewitscharoff, die das »biblische Onanieverbot« für »weise« hält, und Personen, die durch künstliche Befruchtung gezeugt wurden, als 48 »zweifelhafte Geschöpfe, halb Mensch, halb künstliches Weißnichtwas«[72] bezeichnet.

Und damit verlassen wir die irreale Sphäre der Unterhaltungsindustrie und kommen in der echten Welt an – nämlich dort, wo es tatsächlich Menschen gibt, die in Regenbogenfamilien aufwachsen. Und ja, ich kenne solche Kinder. Meine eigenen Sprösslinge sind mit ihnen in den Kindergarten gegangen und ich kann bezeugen, dass an ihnen nichts Zweifelhaftes ist, sondern dass es Menschen aus Fleisch und Blut sind, mit Gefühlen und Verstand – und mit den letzten beiden Punkten haben sie Sybille Lewitscharoff vielleicht schon einiges voraus.

49 »Wir müssen den Familien Entlastung und nicht Belastung zumuten und müssen auch 'ne Gerechtigkeit schaffen zwischen kinderlosen und kinderreichen Familien. Und wir müssen vor allem das Bild der Mutter in Deutschland auch wieder wertschätzen lernen, das leider ja mit dem Nationalsozialismus und der darauf folgenden 68er-Bewegung abgeschafft wurde. Mit den 68ern wurde damals praktisch alles das – alles, was wir an Werten hatten – ...; es war 'ne grausame Zeit, das war ein völlig durchgeknallter, hochgefährlicher Politiker, der das deutsche Volk ins Verderben geführt hat, das wissen wir alle. Aber es ist damals eben auch das, was gut war, und das sind Werte, das sind Kinder, das sind Mütter, das sind Familien, das ist Zusammenhalt – das wurde abgeschafft. Es durfte nichts mehr stehen bleiben...«[73]

Eva Hermann kann man nur gereimt antworten. Dann kann sie sich das vielleicht besser merken:

> Seit Kurzem ist Deutschland ein Sündenpfuhl,
> wo alle sind nur noch – neudeutsch! – so cool!
> Die Eva wünscht sich alte Zeiten zurück,
> vielleicht nicht alles, nur vom Besten ein Stück.

50 »Damit hat die bürgerliche – und auch religiöse – Vorstellung vom Zusammenleben der Menschen gegen die linke Verfemung der Ehe eindeutig gewonnen. Darauf sollten wir stolz sein«[74], schreibt der CDU-Politiker Jens Spahn in der ZEIT. Man kann da leider gar nicht groß widersprechen, denn er hat ja durchaus recht. Denn letztlich ist die Einführung der Ehe für Homosexuelle – vorerst getarnt als »eingetragene Partnerschaft« – wenn nicht ein Pyrrhus-Sieg, so doch ein Umweg auf dem Weg zur sexuellen und gesellschaftlichen Emanzipation. Wenn also zwei Menschen gerne den Rest ihres Lebens – oder auch nur die nächsten Jahrzehnte – zusammenleben möchten, bräuchten sie ja eigentlich nicht die Einwilligung des Staates oder den Segen der Kirche. Es reicht ja, wenn man es einfach tut.

Aber die jahrhundertelange Unterdrückung von Schwulen und Lesben hat anscheinend den Wunsch hervorgebracht, genauso behandelt zu werden, wie die heterosexuellen Menschen von nebenan. Also: Verlobung, Hochzeit, Kinder kriegen. Halt, Moment! Bekommt denn jeder, der heiratet, auch Kinder? Und wäre es nicht der richtige Ansatz, erwachsene Menschen zu unterstützen, die Kinder aufziehen, also Verantwortung für sie übernehmen? Egal, ob diese nun verheiratet sind oder nicht? Oder ob sie homo- oder heterosexuell sind? Oder alleinerziehend oder zu zweit oder womöglich sogar zu dritt? Anstatt das Auslaufmodell lebenslange Ehe nun auch auf Menschen auszudehnen, die dieses gar nicht benötigen?

Hmmm? Wäre das nicht mal eine Überlegung wert?
Anscheinend nicht.

Zwischenrufe

Petri Heil: D-Mark geil

Deutschlands Alternative ist ne naive
Partei für Autochthone und Native
und auch für alle große Patrioten
sowie andere kleine Leute, die sich ja auch mal irren
  können.

Hier treffen forsche Evangelikale
auf sogenannte Wirtschaftsliberale.
Hier sagen sich der DAX und von Storch gute Nacht.
Die AfD hat Deutschland um den Schlaf gebracht.

Mathematik mit Sarrazin

Der Sarrazin, der Thilo,
hat einen IQ von 110
und 33 Kilo.
Es darf auch ein bisschen mehr sein, vielleicht auch nur
  ein Drittel.
Die Statistik sagt so vieles aus, im Zweifel nimmt man das
  Mittel.
Dann runden wir auf, nehmen Zahlen, die uns passen.
Ist der Durchschnitt zu hoch, werden wir ihn verprassen.
Je länger wir zählen, rauf und wieder runter,
geh'n die Zahlen bergauf, am Ende liegen sie drunter.
Hat Herr Sarrazin sich dann genug verrechnet,
isst er eine Currywurst – die hat sich stets gerechnet.

51 »Dieser Wohlstand hat Wanderungsbewegungen ausgelöst und dazu geführt, dass die in Schwaben lebenden Menschen durchschnittlich einen höheren Intelligenzquotienten haben als jene in der Uckermark – wenn man glauben kann, was die Tests der Bundeswehr an ihren Rekruten ergeben haben.«[75]

Auch solchen Ungereimtheiten kann man nur gereimt begegnen:

> In Ostdeutschland sind die Menschen verblödet,
> seh'n aus wie blühende Landschaft – völlig verödet.
> Im Schwabenland sind die Menschen klug und stark
> – sie leben ja auch nicht mehr in Brandenburgs Mark.

Geschichtsvergessenheit

oder

Euer Opa wollte Europa

52 Thilo Sarrazin, der alte Sarrazene und Zahlenfetischist, schrieb über die Befürworter des Eurobonds: »Sie sind außerdem getrieben von jenem sehr deutschen Reflex, wonach die Buße für Holocaust und Weltkrieg erst endgültig getan ist, wenn wir all unsere Belange, auch unser Geld, in europäische Hände gelegt haben.«[76] Da hat er etwas missverstanden, denn es geht nicht um Buße (zur Vergebung der Sünden), sondern eher um die Verhinderung neuer Straftaten. Der Holocaust hat in der Tat zu der Erkenntnis geführt, dass Deutschland in die europäische Staatengemeinschaft integriert werden muss – nur so ist zu verhindern, dass das Land in der Mitte Europas noch einmal derartigen Großmachtträumereien nachhängt, wie die, die zum Ersten und Zweiten Weltkrieg geführt haben. Das hat bisher ganz gut funktioniert, auch wenn die Deutschen nicht ganz freiwillig mitmachten, sondern erst ein paar Jahre Besatzung, Umerziehung und erzwungene Gründung einer Demokratie ertragen mussten. Und – in Westdeutschland – »den Russen« und »die Kommunisten« aus dem Osten als Feindbild und Druckmittel brauchten.

Der Euro erregt vor allen Dingen deshalb Missfallen, weil er droht, aus der Staatengemeinschaft EU langfristig einen Gemeinschaftsstaat Europa zu schaffen. Und als guter Deutscher will man sich nicht mit Siesta-haltenden Spaniern, Vino-trinkenden Italienern und sonnenbadenden Griechen vereinen. Und schon gar nicht mit Auto-klauenden Polen und Rumänen. Man will unter sich bleiben. Wenn der deutsche Euro-Gegner sich unbedingt mit jemand verbünden soll, dann doch bitte mit seinesgleichen, also mit Österreichern, Niederländern, Belgiern, Luxemburgern oder Skandinaviern. Mit artverwandten Völkern also. Von denen einige sowieso fast Deutsche sind.

Nun befindet sich die europäische Wirtschaft natürlich tatsächlich in einer Krise. An der, den Euro-Gegnern zufolge, der Euro schuld ist. Als sei die kapitalistische Wirtschaftsweise nicht per se krisenhaft. Das ist so, als hätte man in der Wirtschaftskrise während der Reichsgründung 1871 gesagt, dass die Reichsmark schuld daran sei, dass die Wirtschaft schwächele. Und wäre wieder zu den Währungen zurückgekehrt, die es vorher gab. Dabei nutzte die Reichsmark der deutschen Wirtschaft langfristig – so wie auch der Euro den Europäern langfristig Nutzen bringen wird.

Das ist die Lehre aus der deutschen, europäischen und Weltgeschichte.

Zwischenruf

Europa – was war das noch mal gleich?

Auf der 5. Deutsch-Niederländischen Konferenz in Amsterdam im Jahre 2000 enthüllte Jacques Wallage, Bürgermeister von Groningen und ehemaliger Staatssekretär im Bildungsministerium, dass er als kleiner Junge oft gegen Autos mit deutschen Kennzeichen getreten habe. »Das sollst du nicht machen, es kann auch einem guten Deutschen gehören«, habe ihn sein Vater ermahnt. »Aber die Wahrscheinlichkeit ist gering«, hätte seine Mutter darauf erwidert.

Diese kleine Episode verdeutlicht vielleicht das Problem der europäischen Einigung. Die Gründung der Europäischen Wirtschaftsgemeinschaft 1958 war nämlich keine Liebesheirat, sondern eine Vernunftehe.

Aber um im Bild zu bleiben: Auch in einer Vernunftehe kann die zarte Pflanze der Liebe keimen, wachsen, gedeihen und blühen. Ebenfalls im Jahr 2000 gab es nämlich eine gemeinsame Untersuchung der Universitäten Groningen und Oldenburg mit dem Titel »Niederlande und Deutschland. Einander kennen und verstehen«. Sie ergab, dass die Deutschen auf der Sympathieskala der Niederländer einen guten mittleren Platz einnehmen. Und aus einer Meinungsumfrage, die das Forschungsinstitut EMNID im Jahre 2004 im Auftrag des Bundespresseamtes in elf Ländern Europas, Afrikas und Amerikas durchgeführt hat, geht hervor, dass nahezu die Hälfte der Niederländer die Deutschen »sympathisch« bis »sehr sympathisch« findet. Letztes Beispiel: In einer Untersuchung der Zeitschrift »Volkskrant« gaben 88 Prozent der Niederländer zu erkennen, dass sie ein *positives* Bild von den Deutschen haben.

Das waren die *guten* Nachrichten.

Kommen wir zu den *schlechten*:

Vor ein paar Monaten gingen in den sozialen Netzwerken im Internet Fotos von schlafenden Europaparlamentariern herum. Die Unterschrift war bei jedem Bild die gleiche: »12.000 Euro«. Die monatlichen Bezüge eines Abgeordneten im Europaparlament. Das Durchschnittseinkommen von Schriftstellern in Deutschland liegt bei 13.588 Euro. Pro Jahr allerdings!

Man sieht: die Abgeordneten im Europaparlament haben ein Imageproblem.

Überhaupt scheinen sich viele Menschen die Frage zu stellen: Was *haben* wir überhaupt von Europa?

Ihre Antwort: Nichts. Überhaupt nichts. Weniger als nichts. Europa ist ein Minusgeschäft.

Wir müssen jetzt vielleicht doch noch einmal kurz zurückblenden. Wie sah es in Europa *vor* der Europäischen Einigung aus? *Warum* fand es die Mutter des späteren Groninger Bürgermeisters okay, deutsche Autos zu zerkratzen?

Darum: 1945 ging der 2. Weltkrieg zu Ende. Er kostete, wenn man das überhaupt berechnen kann, 60 bis 70 Millionen Menschen das Leben. Zählt man die ungefähr 17 Millionen Opfer des 1. Weltkrieges hinzu, kommen wir auf Zahlen, die man zur Kenntnis nehmen, jedoch nicht begreifen kann. Beide Kriege waren sowohl globale als auch europäische Auseinandersetzungen.

Dank der europäischen Einigung gibt es nun Friede, Freude, Eierkuchen in Europa – und einen Wohlstand, der sich gewaschen hat. Und Waschmaschinen für alle.

Man denke sich also einen Menschen aus dem Mai 1914 in einem heutigen Supermarkt. Er wäre erstaunt. Er wäre begeistert. Er wähnte sich im Paradies.

Schickt man ihn dann zurück in *seine* Epoche, darf der Zeitreisende ab August 1914 die Hölle auf Erden erleben, zumindest wenn es ihn an die Front verschlägt. Er darf sich erst einen schönen Schützengraben graben – und dann durch die Gedärme seiner Kameraden. Oder er hält plötzlich seine eigenen Innereien in der Hand. Er wäre erstaunt. Aber keineswegs begeistert. Der Schützengraben war ein Massengrab.

Und dann wünscht er sich vielleicht wieder zurück nach Deutschland oder Frankreich oder Italien des frühen 21. Jahrhunderts, nach ALDI an den Grabbeltisch und an die anschließende Schlacht am kalten Buffet.

Was ich damit sagen will: Europa ist mehr als ein Staatenbund, mehr als eine Währungsunion. Europa ist eine Schicksalsgemeinschaft! Und die EU, allen Unkenrufen zum Trotz, ein Erfolgsmodell und eine Notwendigkeit!

Es gibt also verdammt viele Gründe, die *für* Europa sprechen. Das Problem ist: Europa ist nicht identitätsstiftend. Man definiert sich *immer* noch darüber, dass man Deutscher ist, Französin, Italiener, Spanierin, Grieche, Ungarin... Kein Wunder bei 24 Amtssprachen in 28 Mitgliedsstaaten, in denen insgesamt über 500.000 Millionen Menschen wohnen.

Die Frage ist also: *Wie* schaffen wir eine europäische Nation? Oder meinetwegen, bescheidener: ein europäisches *Bewusstsein*?

Eine National- bzw. Europahymne haben wir ja schon: Die »Ode an die Freude«. Singen tut sie aber niemand. Weil sie offiziell keinen Text hat. Aber auch deshalb, weil sie niemanden groß interessiert.

Also noch mal: *Wie* schaffen wir eine europäische Nation?

These 1: Nationen entstehen immer durch Druck von außen, wie dies zum Beispiel bei den USA der Fall war (als die Amerikaner die Briten besiegten), aber auch bei Frankreich (als die Revolutionsregierung Preußen und Österreich den Krieg erklärte) und bei Deutschland (als sich die kümmerlichen Kleinstaaten im Zuge des Deutsch-Französischen Krieges unter Führung Preußens zusammenschlossen).

These 2: Die Länder Europas sind noch nicht durch einen gemeinsamen Feind zusammengeschweißt worden.

These 3: Wir müssen uns diesen Feind daher suchen – und könnten bei den USA (wegen der NSA) oder Russland (wegen der Krim und der Ukraine) fündig werden. Derzeit baut man ja schon fleißig an einer Festung Europa, die aber einzig und allein dazu zu dienen scheint, Flüchtlinge fernzuhalten.

In Russland scheint das Prinzip »Zusammenschweißen durch einen gemeinsamen Gegner« ja auch zu funktionieren. Erst schaltet man die Opposition im eigenen Land aus, danach veranstaltet man Olympische Spiele. Und zum Schluss eilt man unterdrückten Angehörigen des eigenen Volkes in Grenzkonflikten zu Hilfe.

Dagegen spricht, dass Kriege tendenziell eher unangenehm sind. Sterben macht meist wenig Spaß.

Eine Alternative hierzu gibt es aber auch: Sie bedarf jedoch einer schier übernatürlichen Kraftanstrengung. Ich meine damit die Schaffung einer europäischen Fußballnationalmannschaft der Herren, bestehend aus Mitgliedern von Bayern München und Real Madrid. Na ja, eigentlich aus Ronaldo und irgendwelchen anderen Spielern. Wobei Ronaldo vor allen Dingen für das Mannschaftsfoto wichtig ist. Damit die Frauen was zu gucken haben.

Und dann spielen wir gegen eine asiatische und eine afrikanische sowie gegen zwei amerikanische Mannschaften, eine aus *Lateinamerika*, eine aus *Nordamerika*. Und eine aus der Antarktis. Der schwächste Gegner ist übrigens das kanadisch-US-amerikanische Team. Nur unwesentlich besser ist die Mannschaft aus der Antarktis, die sich aus Mitgliedern europäischer Forscherteams zusammensetzt.

Aber mal im Ernst: Die EU ist tatsächlich ein Erfolgsmodell. Wir müssen uns nur ab und zu vor Augen führen, dass Frieden, Demokratie und Wohlstand das Leben der meisten Menschen in Europa prägen.

Aber: Frieden, Demokratie und Wohlstand gibt es nicht umsonst. Das sind Dinge, die man sich erkämpfen muss.

80 % aller politischen Entscheidungen sollen in Brüssel fallen, behauptet zumindest ver.di, nur 20 % in Rom, Paris, London, Madrid oder Berlin. Und ohne Rücksicht auf die anderen Länder kann man auch in den nationalen Hauptstädten keine Entscheidungen treffen.

Mit anderen Worten: Wie unsere Lebens- und Arbeitsbedingungen aussehen, wird im Europaparlament beschlossen.

Ob Renten, Gehälter, Löhne gekürzt werden oder steigen, ob Rendite und Profite steigen oder fallen – das alles wird *auch* in Brüssel entschieden.

Ob auch weiterhin und verstärkt Arbeitslosigkeit und Armut in vielen europäischen Ländern (vor allen Dingen im Süden und Osten) herrschen oder aber eine vernünftige Verteilung der gesellschaftlich notwendigen Arbeit mit gerechten Einkommen für alle – *darüber* wird *auch* im Europarlament abgestimmt!

Ob Gießkanne oder Kahlschlag – wie in den europäischen Ländern gewirtschaftet wird, wird zu einem Großteil in Brüssel entschieden.

Und welchen Einfluss haben Konzerne und Lobbyisten? Gucken Sie ins Europarlament, wer dort sitzt und wer dort von wem beeinflusst wird.

Soll es also auch weiterhin Privatisierungen im öffentlichen Nahverkehr, bei der Müllabfuhr, der Trinkwasserversorgung und den Krankenhäusern geben?

Sollen auch weiterhin Kürzungsdiktate die Politik beherrschen? Oder sollen Schulden erlassen werden? Und soll den Steuerhinterziehungen durch die Reichen und Superreichen und Supersuperreichen endlich ein Riegel vorgeschoben werden? Polemisch gefragt: Sollen Gelder, die im Gesundheitswesen und in der Bildung fehlen, auch weiterhin für private Vergnügungen genutzt werden?

Und nicht zuletzt stehen wir vor der Entscheidung, ob die Staaten und Volkswirtschaften der europäischen Länder weiterhin in Konkurrenz zueinander stehen werden, so dass Arbeitnehmer und Rentner bis in alle Ewigkeit gegeneinander ausgespielt werden – oder soll der Grundsatz »Gleicher Lohn für gleiche Arbeit« in *ganz* Europa gelten?

Steht der Mensch im Mittelpunkt der Politik? Oder der Markt?

Wollen wir soziale Gerechtigkeit, Chancengleichheit und Solidarität? Oder nationalen Egoismus und die »unsichtbare Hand« des Marktes, die den Menschen das Geld aus der Tasche zieht und die Kluft zwischen Arm und Reich noch größer werden lässt?

Aber, höre ich hier nun wieder irgendwen murmeln, Europa birgt doch auch Gefahren. Schließlich wird Deutschland von Millionen, ja Milliarden von Armutseinwanderern aus Rumänien und Bulgarien überflutet, die uns erst die Arbeitsplätze und dann die Frauen wegnehmen. Wir erinnern uns: Das gleiche haben die Schweizer vor kurzem auch gesagt. Über einwandernde Deutsche beziehungsweise Schwaben. Verständlicherweise: Schwaben sind ja sogar in Deutschland als nationale Minderheit anerkannt, weil sie eine vollkommen unverständliche Sprache sprechen (eben Schwäbisch) und zudem ein bizarres Brauchtum pflegen: die schwäbisch-alemannische Fastnacht und die Kehrwoche.

Damit kommen wir zum letzten Punkt, warum man die Europawahlen nicht verpassen sollte:

Weil wir abstimmen müssen gegen Rechtspopulismus, gegen Rechtsextremismus, gegen nationalen Egoismus.

Die Schuldigen an der Krise sind nicht »die Ausländer«, sind nicht Minderheiten, sind nicht Sozialleistungsempfänger, sind auch nicht andere Länder. Und die Lösung unserer Probleme liegt nicht bei »starken Männern«, die denen »da oben« mal zeigen, was der Volkswille so will. Sondern bei einer Demokratisierung Europas.

Überlassen wir Europa nicht seinen Gegnern!

Zwischenruf

Ab durch die Mitte

Aber egal, was rede ich hier. Letztlich geht es doch nur um das liebe Geld. So auch bei der AfD, die die harte Mark zurück will und überhaupt lieber einen starken Nationalstaat, der so wenig Aufgaben wie möglich an die Europäische Union abgibt. Damit ist die Alternative für Deutschland natürlich nicht allein in Europa. Überall gibt es Parteien, die gegen die EU mobil machen und sich für jeweilige »nationale Interessen« stark machen. Das reicht von rechtspopulistischen Parteien wie der Dänischen Volkspartei und der UKIP in Großbritannien über die Freiheitliche Partei Österreichs und die Front National in Frankreich bis zur rechtsextremen Jobbik in Ungarn und der neonazistischen Goldenen Morgenröte in Griechenland.

Und wo befindet sich die AfD auf dieser Skala? Laut einer Studie der Universität Leipzig vertreten 50 % der Wähler dieser Partei ausländerfeindliche, 29 % chauvinistische und 13 % antisemitische Positionen. Damit liegen sie bei den Einzelpositionen jeweils an zweiter Stelle hinter den Anhängern rechtsextremer Parteien. Eine Umfrage der Friedrich-Ebert-Stiftung kommt zu ähnlichen Ergebnissen. Hiernach stimmen

41 % chauvinistischen, 16 % ausländerfeindlichen und 14 % den Nationalsozialismus verharmlosenden Aussagen zu. Der größte Unterschied zu rechtsextremen Parteien besteht laut einer Erhebung des Meinungsforschungsinstituts Forsa auch gar nicht darin, dass sie anderer Meinung wären, sondern dass sie diese anders formulieren. Das Gros der AfD-Wähler – hauptsächlich männliche Angestellte und Rentner – rekrutiert sich nämlich aus der Ober- und Mittelschicht. Sowohl Einkommen als auch Schulbildung sind relativ hoch. Niedrig hingegen zeigt sich das Vertrauen in die im Bundestag vertretenen Parteien und in die Entwicklung der Wirtschaft. Am Erstaunlichsten ist allerdings die politische Selbsteinschätzung der AfD-Anhänger. 55 % verorten sich selbst in der politischen Mitte, 28 % sehen sich rechts und 17 % sogar links. Was lernen wir daraus? Dass Menschen mit Abitur wissen, dass es sich nicht gehört, rechts zu sein, sondern, dass es besser ist, das gesamte politische Koordinatensystem zu verschieben, damit man selbst in der Mitte steht.

53 »85 Prozent Griechenlandkritiker dürfen wir nicht ignorieren«[77], verkündete Sigmar Gabriel, der sich – wie immer – auf der Suche nach neuen Wählerschichten befand. Allein schon der Ausdruck »Griechenlandkritiker« ist entlarvend. Nur Nationen, die in Deutschland ganz besonders unbeliebt sind, erfahren die Ehre, auf diese Weise bezeichnet zu werden. Bisher gab es nur die »Israel-Kritik«, nun also auch eine »Griechenlandkritik«. Das hat etwas Grundsätzliches. Es geht hier nicht mehr um einzelne Fragen ökonomischer, finanzieller, sozialer und politischer Kultur, sondern ums große Ganze. So wie Israel-Kritiker sehr schnell grundsätzlich werden – spätestens nach dem fünften Bier wird diesem Staat immer jegliches Existenzrecht abgesprochen – verhält es sich auch mit »Griechenland-Kritikern«. Früher oder später bekennt jeder von ihnen, Griechen prinzipiell für unzuverlässig und faul zu halten (von Costa Cordalis, Nana Mouskouri und Mikis Theodorakis mal abgesehen). Immerhin dürfte Griechenland seinen eigenen Staat behalten – und bekommt sogar noch eine eigene Währung hinzu.

Zwischenrufe

DM-Mark versus Drachme

Einst waren sie unser erstes Volk, heut' sind sie uns zuwider,
ob Spiegel, ob Stern, ob heute-show – alle machen sie nieder.
Der Grund ist die Erinn'rung an Reisen in früheren Zeiten,
als man bekam für ein paar Drachmen gar riesige Mahlzeiten.

Alternativlos

Die AfD ist eine Alternative und keine rechte Partei.
Zu Pfingsten kommt der Nikolaus, versteckt ein Osterei.

Thomas Strobl, stellvertretender CDU-Vorsitzender, ist sich für nichts zu schade. Noch nicht einmal dafür, dass 1935 geschriebene »Panzerlied« in ein Liederbuch der CDU (»Lied. Gut.«) aufzunehmen. Dabei stelle ich es mir durchaus lustig vor, wenn die Pullunder-tragenden Mitglieder der Jungen Union Calw **54** »Ob's stürmt oder schneit, Ob die Sonne uns lacht, Der Tag glühend heiß, Oder eiskalt die Nacht. Bestaubt sind die Gesichter, Doch froh ist unser Sinn, Ja unser Sinn; Es braust unser Panzer / Im Sturmwind dahin!«[78] singen. Das könnte man in jeder Pannen-Show bringen. Aber nein, das Büchlein wurde eingestampft, nachdem die Herausgeber herausgefunden hatten, was sie da eigentlich in Druck gegeben hatten. Strobl ist aber weiterhin bereit, den harten Mann zu markieren. **55** »Der Grieche hat jetzt lang genug genervt.«[79] Und wenn das nicht besser wird, dann schicken wir doch noch unsere Panzer vorbei, denn die fahren auch, wenn der Tag glühend heiß. Also schaffen sie es sogar bis nach Griechenland.

56 »Am Anfang steht die Überprüfung unserer eigenen Politik«[80], sagt Sigmar Gabriel und man ist versucht hinzuzufügen: Und am Ende steht hoffentlich die Auflösung der SPD. Denn diese Partei, die nur deshalb noch nicht unter die 5 %-Hürde gerutscht ist, weil sie immer zu viele Stammwähler hat, die nicht wissen, dass man sein Kreuzchen auch an einer anderen Stelle machen darf, hat es verdient, in der totalen Bedeutungslosigkeit zu versinken. Spätestens seit der Machtübernahme durch Gerhard Schröder in den 90er-Jahren haben die Parteistrategen alles über Bord geworfen, was jemals zu ihrem Wertekanon gehörte. Wenn Gabriel also an die ruhmreiche Epoche erinnert, in der der große Vorsitzende Willy Brandt die Partei zu Wahlsiegen führte, steckt da nichts weiter dahinter, als die Hoffnung, es mögen eben jene Stammwähler sich dankbar daran erinnern, wie es war, als die Sozialdemokraten tatsächlich irgendwie »emanzipatorisch, aufklärerisch und damit eben links« waren.

Heutzutage ist sie jedenfalls nichts weiter als eine Blockpartei unter vielen: SPD, CDU/CSU, FDP, Grüne – die Unterschiede sind marginal und beschränken sich im Wesentlichen auf rhetorische Elemente. Manch einer glaubt fälschlicherweise, dass die CDU nach links gerückt sei. Das Gegenteil ist richtig: alle Parteien sind in wirtschaftspolitischen Fragen in die rechte Ecke marschiert, die sie wider besseren Wissens als die »neue Mitte« bezeichnen. Dort klumpen sie sich zusammen und balgen sich um die wenigen Wähler, die sich noch an die Urnen schleppen. Galt es in den ersten Jahrzehnten des Bestehens der Bundesrepublik noch als ein unverzeihlicher Fauxpas, seine Stimme nicht abgegeben zu haben, dominiert heute die Wahrnehmung, dass man seine Stimme abgibt, wenn man sein Kreuzchen macht. Und dass man diese auch erst vier Jahre später zurückbekommt – nur damit sie einem gleich wieder weggenommen wird. Dass im Bundestag eine große Koalition regiert, zu der im Grunde genommen sogar mindestens eine der beiden Parteien gehört, die formal nicht an der Regierung beteiligt ist, mag man als Anzeichen für einen demokratischen Konsens werten – korrekter wäre jedoch die Interpretation, dass eine gewisse Hilf- und Ideenlosigkeit vorherrscht. Jede politische Fehlentscheidung gilt heutzutage als alternativlos und jede Ungerechtigkeit dient der Standortsicherung.

Der Versuch der SPD, der CDU Stimmen abzunehmen, indem sie sie bis zur eigenen Unkenntlichkeit nachahmt, kann die Erosion der Wahlbasis der SPD jedenfalls nicht stoppen. Im Zweifelsfalle wählt man dann doch lieber das Original. Wenn man sich dann noch an Pegida ranwanzt und von »verantwortungsbewusstem Patriotismus«[81] schwafelt, wird klar, dass Gabriel nur eines antreibt: der Wille zur Macht. Aber der allein reicht nicht aus, um gewählt zu werden. Man muss sich nicht nur selbst toll finden, sondern auch andere davon überzeugen. Und dass schafft man nicht mit einem Profil, das so glatt ist wie ein Autoreifen nach Beendigung der Rallye London-Ulan Bator.

Zwischenruf

Augen auf bei der Berufswahl

Beruf kommt von Berufung. Aber nicht zu jedem Beruf findet sich auch jemand, der sich dazu berufen fühlt. Natürlich: Geistlicher, also Priester oder Pastor oder so – da gibt's immer jemanden, der Gottes Stimme sagen hört: »Verkündige mein Wort und stehe den Menschen mit Rat und Tat zur Seite und wenn du Kathole bist, dann sag Ihnen doch bitte noch gleich, dass Kondome nicht helfen gegen Aids und gegen Kinder sollen sie ja nicht helfen, weil du ja schließlich keine Kinder in die Welt setzen darfst, deswegen müssen das deine Schäfchen für dich erledigen, aber wenn du deine Haushälterin poppst und die wird dann schwanger, dann tu wenigstens so, als wäre das Kind nicht von dir, okay?«

Ein weiteres Beispiel wäre der Künstler, also Schriftsteller, Maler, Schauspieler oder Musiker. Da findet sich auch immer jemand, der eitel genug ist, sowas machen zu wollen. Dann wird man gelobt (wenn's gut läuft) oder gar bewundert (wenn's noch besser läuft). Vielleicht bekommt man sogar Geld dafür (wenn's am besten läuft), um die Künstlersozialkasse und sogar die Miete bezahlen zu können. Und was zu essen wäre ja auch nicht schlecht, obwohl ich ja erst letzte Woche ein trockenes Brot mit nur ganz wenig Schimmel hatte und heute Abend bei der Lesung wieder kostenlos Bier trinken darf. Am Ende klatscht sogar jemand.

Berufen fühlen sich auch Politiker. Früher gab es sogar welche, die hatten Überzeugungen. Die wollten auch zu den Menschen sprechen und sich mit Rat und Tat für sie einsetzen. Und für die Revolution. Jetzt will das niemand mehr. Nun wollen sie alle schnell Parteivorsitzender werden oder am besten noch Bundestagsabgeordneter mit ganz viel Geld und Steuerbegünstigungen und Aufsichtsratsposten und kleinen schwarzen Koffern, die einem in dunklen Ecken übergeben werden, damit man bei der nächsten Abstimmung weiß, was man zu tun hat und nicht so lange überlegen muss. Es gibt sogar einen Fachbegriff für diesen Politikertypus, der eine Mischung aus Verwaltungsbeamten, Manager und Mafiaboss darstellt: »postideologisch« nennt man die. Dass bedeutet, dass sie keine Ziele haben, höchstens eine Meinung und Meinungen kann man ja ändern. Außerdem haben sie ein Bankkonto. Manche sogar mehrere. Auch im Ausland. Zum Beispiel in der Schweiz. Man ist ja weltoffen.

Zu anderen Berufen fühlt sich niemand berufen. Keiner sagt: »Hey, ich wäre gerne Klofrau an der Autobahnraststätte Lehrter See. Das stelle ich mir toll vor. Und man hat auch so viel mit Menschen zu tun und kann ihnen mit Rat und Tat beiseite stehen und wird bewundert und bekommt sogar Geld zugesteckt.« Obwohl: Das letztere ja schon. Also, wenn's nach mir ginge, könnte man zum Beispiel die Abgeordnetenbezüge auf ein Zehntel reduzieren und das eingesparte Geld bekommt die Berufsgenossenschaft des Sanitärreinigungsfachpersonals überwiesen. Steuerfrei in die Schweiz.

Das wäre fair.

Zwischenruf

Wenn ich Bundeskanzlerin wäre

Wenn ich Bundeskanzlerin wäre, würde ich mich wundern, weil ich ja ein Mann bin.

Wenn ich Bundeskanzlerin wäre, würde ich mich fragen, wer mich gewählt hat.

Wenn ich Bundeskanzlerin wäre, würde ich die Todesstrafe für FDP-Politiker verhängen.

Wenn ich Bundeskanzlerin wäre, würde ich feststellen, dass ich das gar nicht darf, sondern nur das Parlament oder vielleicht noch nicht mal das, weil im Grundgesetz ja steht, dass man das nicht darf, auch nicht, wenn alle dafür sind – bis auf den, der gehängt werden soll. Obwohl der vielleicht auch, wenn man nett fragt und bei der Entscheidungsfindung ein wenig nachhilft.

Wenn ich Bundeskanzlerin wäre, würde ich deshalb den Bundestag und das Bundesverfassungsgericht auflösen. Wenn sie aufmucken, verhänge ich die Todesstrafe über alle, die mir widersprechen. Das kann ich ja jetzt, weil es ja keinen Bundestag mehr gibt und kein Bundesverfassungsgericht.

Wenn ich Bundeskanzlerin wäre, würde ich die Demonstrationen verbieten, die sich dagegen richten, dass ich den Bundestag und das Bundesverfassungsgericht aufgelöst und die Todesstrafe eingeführt habe.

Wenn ich Bundeskanzlerin wäre, würde ich die Demonstrationen verbieten, die sich dagegen richten, dass ich den Bundestag und das Bundesverfassungsgericht aufgelöst, die Todesstrafe für FDP-Politiker eingeführt und die Demonstrationen verboten habe.

Wenn ich Bundeskanzlerin wäre, würde ich alle Demonstrationen verbieten, zu denen ich nicht selbst aufrufe.

Wenn ich Bundeskanzlerin wäre, würde ich zu einer Demonstration aufrufen, die meinen sofortigen Rücktritt fordert. Weil so geht das ja nicht.

Wenn ich Bundeskanzlerin wäre, würde ich sofort zurücktreten, aber vorher noch alle FDP-Politiker zu lebenslanger Zwangsarbeit verurteilen. Eine Revision ist nicht möglich. Sie müssten in Handarbeit blau-gelbe Teddybären produzieren und anschließend mit ins Bett nehmen.

Wenn ich Bundeskanzlerin wäre, gäbe es keine FDP-Politiker mehr. Und niemand kann sie mehr aus Versehen wählen. Und alle wären glücklich.

Die deutsche Teeparty

oder

Gut getarnte Nazis

Zwischenruf

Nationaldemokratische Partei Deutschlands: Schon phonetisch erinnert die Buchstabenfolge NPD an die NSDAP. Es mag Zufall sein, dass einer ihrer Gründer Adolf mit Vornamen hieß. Man könnte es aber auch als Indiz dafür ansehen, dass sich, wie Engels schrieb, »alle großen weltgeschichtlichen Thatsachen und Personen zweimal ereignen: das eine Mal als große Tragödie, das andre Mal als lumpige Farce.«[82]

Nun gäbe es eigentlich genug Gründe, um dem Elend mit der NPD ein schnelles Ende zu bereiten und sie einfach zu verbieten. Zu offensichtlich sind die Bezüge zur nationalsozialistischen Ideologie. Der bizarre Grund, warum dies nicht geschieht, ist der, dass das Führungspersonal der NPD zu sehr mit V-Leuten des Verfassungsschutzes durchsetzt ist. Mit anderen Worten: Ohne den Verfassungsschutz gäbe es die NPD nicht mehr. Nur die Aufwandsentschädigungen für diese Spitzel (zum Teil in sechsstelliger Höhe) sorgen nämlich überhaupt dafür, dass die Kleinstpartei noch genug Funktionäre hat. Der Erkenntnisgewinn, den die inoffiziellen Mitarbeiter bringen, tendiert hingegen gleich Null. Sie verraten nämlich nichts, was nicht auch durch die Überwachung des Brief-, Mail- und Telefonverkehrs oder gar in ihren gedruckten Publikationen wie Zeitungen und Flugblättern oder auf ihrer »Heimseite« im »Zwischennetz« zu erfahren ist.

Die NPD hat dem Staatsschutz zwar nicht ihre Gründung zu verdanken – es fanden sich 1964 noch genügend Altnazis respektive ehemalige NSDAP-Mitglieder, die das auch ohne dessen Unterstützung schafften – doch aber ihren Erhalt. Und dies wiederum zeigt Parallelen zur Geschichte. Auch Adolf Hitler sollte die Deutsche Arbeiterpartei (DAP) eigentlich nur geheimdienstlich beobachten, beschloss jedoch spontan, sie zu übernehmen und groß zu machen.

Das Ergebnis: der 2. Weltkrieg und der größte Völkermord in der Menschheitsgeschichte. Dem Staatsschutz sei Dank.

Zwischenruf

Volksherrschaft

Die NPD ist *demokratisch* und die Erde eine Scheibe.
Wer sie wählt, isst Marmelade mit einer Käsereibe.

57 Eigentlich sind mir Hooligans egal. Ich finde ihr Hobby, sich im Rahmenprogramm von Fußballspielen gegenseitig aufs Fressbrett zu hauen, zwar einigermaßen bizarr, doch kann ich auch dem Thaiboxen nur wenig abgewinnen, ohne in ihm eine Bedrohung unserer Zivilisation zu erkennen. Sollen sie doch machen, wenn es ihnen Spaß macht! Und so kann man in den allwochenendlichen Auseinandersetzungen dieser schlagenden Verbindungen eine durchaus putzige Angelegenheit sehen, die man getrost ignorieren kann, wenn nicht Unbeteiligte in diese Heimattümelei, Männerbündelei und Gewalttäterei hineingezogen werden.

Der natürliche Feind aller Hooligans ist ja eigentlich der Polizist, weil dieser berufsbedingt die undankbare Aufgabe hat, sie an der Auslebung ihrer Leidenschaft zu hindern – doch taugt er nicht zum allgemeinen Feindbild. Etwas anderes muss her, um Aufmerksamkeit zu erregen! Wie wäre es mit ... Stadionsprechern? Bratwurstverkäuferinnen? Was kennt der Hooligan noch? Bierzapfer! Notärzte! Apotheker! Nein, nein, die braucht er ja alle noch. Dann eben ... Was lief gerade im Fernsehen? Irgendwas mit Sambalisten ... Nein, Salafisten heißen die! Also: Hooligans gegen Salafisten. Das ist es! Salafisten mag niemand. Nur Salafisten mögen Salafisten. Und »Fisten« klingt sowieso super!

Wobei man, betrachtet man die Begleitumstände der bisherigen HooligansGegenSalafisten-Veranstaltungen, natürlich nicht davon ausgehen darf, dass sich die Abneigung der Demoteilnehmer nur gegen Salafisten im eigentlichen Sinne richtet, sondern dass damit Islamisten jeglicher Couleur gemeint sind. Und ich wage sogar die Behauptung, dass nicht wenige Demonstranten eine Abneigung gegen *alle* Moslems hegen, wenn nicht sogar gegen alle Ausländer (zumindest, wenn sie den falschen Teint haben), wobei Ausländer auch Menschen mit deutschem Pass einschließt (zumindest, wenn sie den falschen Teint haben). Es versteht sich von selbst, dass damit auch Menschen jüdischer Herkunft gemeint sind. Der Anmelder einer HoGeSa-Demo in Hannover wurde jedenfalls von der Polizei abgelehnt, weil er ein Bild ins Netz gestellt hat, auf dem ein Waggon mit Häftlingen auf dem Weg nach Auschwitz zu sehen war. Die Bildunterschrift lautete: »Genieße das Leben in vollen Zügen!«[83]

Wohlgemerkt: Ich hätte gar nichts dagegen, wenn sich 4.000 Hooligans mit Alkohol- und Politik-bedingter Schlagseite nach rechts auf einem Fleck versammeln würden. Am besten in einem Stadion. Dann macht man die Türen zu und spielt ein Wochenende lang die Hymnen aller deutschen Fußballvereine ab. Mal sehen, was dann noch übrig bleibt von der großen Hooligan-Einheitsfront.

Zwischenrufe

Peinlich I

NPD-Plakate abzureißen, ist natürlich keineswegs peinlich. Sich dabei erwischen zu lassen, auch nicht. Aber sich nicht direkt beim Abreißen von den freundlichen Beamten aufgreifen zu lassen, sondern erst auf dem Weg zum Altpapier-Container (Ordnung muss sein!), ist grenzwertig.

Gekennzeichnet

Ich besuchte einen Freund im Ostharz. »In diesem Dorf gibt es besonders viele Nazis«, erklärte er mir, als wir mit dem Auto durch eine Ansammlung armseliger Häuschen fuhren. Genau in diesem Augenblick kam uns ein Wagen mit dem Kennzeichen »AH 88« (zuzüglich der Bezeichnung des Landkreises) entgegen. »Kaum zu glauben«, antwortete ich.

Satt und sauber

»Unsere Stadt bleibt sauber – Freital ist frei« lautet das Motto des örtlichen Pegida-Nachahmers, der den schönen Speaking Name Frigida trägt, was vermuten lässt, dass diese Initiative eine eher lustlose Angelegenheit ist.

58 Lutz Bachmann? Wer war das noch gleich? Ach ja, der Initiator von Pegida, den Patriotischen Europäern gegen die Islamisierung des Abendlandes. Die marschieren ... tschuldigung ... spazieren seit Oktober 2014 durch Dresden, um unter anderem für die Beendigung des »Asylmissbrauchs« und für eine gesteuerte Zuwanderung »nützlicher« Ausländer zu demonstrieren. Und natürlich für die Bewahrung und den Schutz »der Identität unseres christlich-jüdischen Abendlands«! Womit die Juden – 70 Jahre nach dem Versuch, sie in Europa auszurotten – nun endlich die Ehre erfahren, zum abendländischen Vermächtnis gerechnet zu werden. Und das

unterscheidet Pegida tatsächlich auch von anderen rechten Gruppierungen, die es in Deutschland nach dem Zweiten Weltkrieg gegeben hat. Keine andere Vereinigung konnte das Image, doch nur direkt oder indirekt etwas mit den historischen Nazis und dem braunen Sumpf zu tun zu haben, wirklich ablegen. Doch bei Pegida hätte es vielleicht sogar die Chance gegeben, wenn ... ja, wenn ... Pegida nicht Pegida gewesen wäre. Und Lutz Bachmann nicht Lutz Bachmann.

Beispiel: Am 10. Dezember 2014 veröffentlichte Pegida ein Positionspapier, in dem die »Aufnahme von Kriegsflüchtlingen und politisch oder religiös Verfolgten als Menschenpflicht«[84] (Punkt 2) befürwortet, gleichzeitig aber auch »eine Null-Toleranz-Politik gegenüber straffällig gewordenen Asylbewerbern und Migranten«[85] gefordert wurde. Was für große Erheiterung sorgte angesichts des Vorstrafenregisters von Lutz Bachmann, der unter anderem wegen Körperverletzung, Einbruch und Diebstahl verurteilt worden war. Das Gericht bescheinigte ihm sogar eine besonders stark ausgeprägte kriminelle Energie. Womit es wohl nicht völlig falsch lag, denn kurz nach der Verkündung des Urteils setzte sich Lutz Bachmann nach Südafrika ab, wo er zwei Jahre lang unter falschem Namen lebte, bis die Einwanderungsbehörde seine Identität aufdeckte – und ihn nach Deutschland abschob. Womit man zumindest nicht sagen kann, dass sich Bachmann mit dem Thema Ausländerkriminalität nicht auskennen würde. Sachkompetenz par excellence! Noch Jahre später war Bachmann ganz überzuckert von seiner Abschiebung, die »bewundernswert schnell«[86] erfolgt sei.

59 Bleiben wir noch ein bisschen bei Lutz Bachmann. Weil's so schön ist und weil man an ihm aufzeigen kann, wie heuchlerisch Pegida ist. Deren Anhänger bemühten sich immerhin darum, dass Pegida als eine menschenfreundliche Organisation wahrgenommen wird, die sich für Frauenrechte (Punkt

10 des Positionspapiers vom Dezember 2014), sexuelle Selbstbestimmung (Punkt 11) und die Einführung von Bürgerentscheiden (Punkt 14) einsetzt. Und dafür, dass Flüchtlinge besser betreut und untergebracht werden sollen (Punkt 5 und Punkt 3).

Privat beziehungsweise auf Facebook klang das dann etwas anders. Zum einen war sich Bachmann nicht sicher, ob es Kriegsflüchtlinge überhaupt gibt, zum anderen, ob nicht auch andere Möglichkeiten in Betracht zu ziehen sind, unerwünschte Ausländer aus Deutschland fernzuhalten. Eine von einem Ku-Klux-Klan-Anhänger gepostete Fotografie, die mit dem Satz »Three K's a day keeps the minorities away« kommentierte er mit »Hätte in Großenhain evtl. auch funktioniert ... so habense jetzt ein Asylantenhotel«[87]. Auch nicht schlecht: Auf einem Foto posierte er als Adolf Hitler – was ja eigentlich kein Problem ist, wenn es denn einen künstlerischen oder aufklärerischen Zweck verfolgt und keine völkische Folklore ist. Er habe es, gab Bachmann zu Protokoll, anlässlich der Veröffentlichung der Hörbuch-Version des Romans »Er ist wieder da« angefertigt und Christoph Maria Herbst, der diese eingelesen hatte, auf die Pinnwand gepostet. Man müsse sich ja »auch mal selbst auf die Schippe nehmen«. Herbst dementierte diese Behauptung über seinen Anwalt.

60 Gut, dass Lutz Bachmann einige kluge Köpfe beratend zur Seite stehen. Kathrin Oertel zum Beispiel, mit der er seit dem Kindergarten befreundet ist. Nachdem sich Bachmann Anfang 2015 aus den vordersten Pegida-Linien zurückgezogen hat, wurde sie zur Hauptrednerin der Demos. Ihre außergewöhnliche Wortgewandtheit bewies sie, als sie am 18. Januar in einer Talkshow bei Günter Jauch auftrat. Auf seine Frage »Wir haben 0,4 % Muslime in Dresden, beispielsweise. Woher kommt gerade da die Angst vor der Islamisierung?« antwortete sie:

»Also in Deutschland wird ja zum Beispiel auch demonstriert gegen die Abholzung des Regenwaldes. Obwohl es keinen Regenwald in Deutschland gibt.« Woraus man im Umkehrschluss vielleicht ableiten könnte, dass es auch keine »Islamisierung« gibt.

Immerhin muss man Oertel zugutehalten, dass Dresden im Tal der Ahnungslosen liegt. Und auch wenn seit zweieinhalb Jahrzehnten auch hier Westfernsehen zu empfangen ist, muss man vielleicht anerkennen, dass das in den vier DDR-Jahrzehnten entstandene Informationsdefizit wohl immer noch nicht aufgeholt ist. Ende Januar trat sie übrigens nach internen Querelen als Pegida-Sprecherin zurück und entschuldigte sich auf Facebook »für die Hetzkampagne, die hier losgetreten worden ist«[89] und für die sie »ein Stück weit mitverantwortlich«[90] sei.

Weitere Stationen ihrer politischen Karriere waren der Verein »Direkte Demokratie für Europa«, aus dem sie sich im März 2015 zurückzog, und eine Teilnahme an einer Demonstration der Engagierten Demokraten gegen die Amerikanisierung Europas (Endgame) in Chemnitz. Im darauffolgenden Monat gründete sie die Initiative 193 Friedenstauben und ließ via Facebook folgendes Statement ab: »Ich möchte die Gelegenheit nutzen und mich bei allen Migranten und vor allem bei den Muslimen unter ihnen entschuldigen.«[91]

Mein Vorschlag an Frau Oertel: Am besten gar nicht mehr politisch engagieren. Dann muss sie sich auch nicht so oft entschuldigen.

Zwischenruf

Dresden im Wandel der Zeiten[92]

1990: Ja, damals ...!
Da hat zum wiederholten Mal
in Dresden die Erde gezittert
(die Deutschen haben Morgenluft gewittert).

2015: Ja, heute ...!
Da hat zum wiederholten Mal
in Dresden die Erde gezittert
(die Rechten haben es gerne getwittert).

2040: Und morgen ...
Da wird zum wiederholten Mal
in Dresden die Erde zittern
(die Menschen leben in Stahlgewittern).

61 »Kartoffeln statt Döner« So war es auf einer Pegida-Demonstration in Dresden zu lesen. Aber müsste es nicht »Eisbein statt Döner« heißen? Oder »Kartoffeln statt Bulgur«? Ich will auch erst gar nicht davon anfangen, dass die Kartoffeln aus Südamerika stammen und damit so deutsch sind wie der Tabak. Und dass die Dönertasche in Berlin erfunden wurde. Geschenkt ... Aber dass Lutze Bachmann beim Anblick einer Solidaritätsdemo für die säkulare kurdische Partei PKK auf die Idee gekommen sein will, dass er gerade Zeuge der Ausbreitung des Islams in Deutschland war – auf diese Idee muss man erst mal kommen.

Pegida. Ein Hort der unfreiwilligen Komik. Ein Leuchtturm der Verblödung. Das Flaggschiff des totaldebilen Volkswillens. Völlig richtig, dass die Veranstalter ihren Mitläufern schnell den Maulkorb umgelegt haben und Interviews mit ihnen nicht erwünscht sind. Denn was passiert, wenn das Volk ungebremst vor sich hinplappert, durfte man am 15. Dezember 2014 erleben, als ein Team des NDR-Magazins »Panorama« die Elbflorenzer befragte, warum sie denn heute demonstrieren. Was zum Beispiel ist denn unter Islamisierung zu verstehen? Na, das hier: **62** »Am Dienstag sind 40 Nordafrikaner am Hauptbahnhof verhaftet worden wegen Drogen. Diese Kultur wollen wir hier nicht haben.«[93] Die Frage, ob der ehemalige Dealer Lutz Bachmann im Nebenberuf als Muezzin arbeitet, wurde jedoch leider nicht gestellt.

Und so geht es in einer Tour (»Ich bin nicht gläubig in dem Sinn, aber ich möchte gern, dass die Kirche im Dorf bleibt und dass wir nicht in irgendeine Moschee rennen müssen zu Weihnachten. Dass wir überhaupt dann noch Weihnachten feiern dürfen! Wahrscheinlich feiern wir das in 20 Jahren nicht mehr, weil wir dann so unterwandert sind und die Deutschen so wenig Prozent auf den Plan bringen.«[94]) bis schließlich die deutsche Sprache zur totalen Kapitulation bereit zu sein scheint: **63** »Die leben auf unsere Kosten. Ich hätte auch wollen mal leben mit allem auf einem anderen Volk seine Kosten!«[95] Was ich gerne zu glauben bereit bin.

64 »Es gibt ja inzwischen einen überregionalen Asyl-Zirkus genau wie einen pro-Asyl-Zirkus.«[96] Dieser Satz, ausgesprochen vor einer Veranstaltung zum Thema Asyl von Justus Ulbricht, einem Mitarbeiter der Landeszentrale für politische Bildung, gegenüber der dpa, offenbart das ganze Dilemma dieser Einrichtungen. Hier werden nicht nur Böcke geschossen, sondern auch dieselben zu Gärtner gemacht.

Um es einmal deutlich zu sagen: Es gibt keinen Asyl-Zirkus in Deutschland, dafür aber viele Flüchtlinge – und einige Menschen, die bereit sind, ihre Zeit damit zu verbringen, sich um diese zu kümmern. Oder sich mit Politikern anzulegen, deren größte Sorge ist, dass die Festung Europa nicht hält, was sie verspricht: nämlich die fast vollständige Abschottung nach außen. So als ginge uns die Welt da draußen nichts an.

65 »Wir möchten davon ausgehen, dass dieser Vorfall keinen fremdenfeindlichen Hintergrund hat, sondern sinnloser Vandalismus ist. Alles andere ließe sich auch nicht mit der Willkommenskultur der Stadt Bad Krozingen und ihrer Bürger vereinbaren«[97], verkündete der Bad Krozinger Bürgermeister, nachdem mehrere Fensterscheiben an einem Wohncontainer zerstört worden waren, in den Flüchtlinge einziehen sollten. Und ich möchte davon ausgehen, dass heute eine Million Euro auf meinem Konto eingegangen sind.
   Sind sie aber nicht.
   Schade eigentlich.

Zwischenruf

   »Nein zum Heim!«

   Die Bewohner von Hamburgs Blankenese
   zeigen Mitgefühl (ich erzähl hier kein' Käse).
   Sie bitten darum, keine Flüchtlinge zu sehen:
   »Die können hier ja gar nicht einkaufen gehen!

   Unser Reichtum wird sie zu Tränen rühren
   und sie nur in Versuchung führen,
   sich zu nehmen, was ihnen gar nicht gehört
   (und außerdem ist es ihre Armut, die uns stört).

   Sie sollten lieber woanders wohnen
   und unsere feinen Nerven schonen.
   Man sollte sie in andere Stadtteile stecken
   – dort können sie es sich gut gehen lassen.«

66 Eine Bekannte von mir war ja der Meinung, dass Pegida deshalb nützlich sei, weil man sonst vergessen könnte, wie viel Rassismus es in Deutschland gibt. Ich bin mir nicht sicher, ob dieser Schuss nicht auch nach hinten losgehen kann. Nach dieser Demonstrationswelle, die sicherlich irgendwann abflauen und sich totlaufen wird, könnten Pegida-Positionen gesellschaftsfähig geworden sein. Hier wächst zusammen, was zusammengehört. So wurden Dietmar Grahl, Andreas Klose, Udo Voigt und Holger Szymanski (alle von NPD) ebenso auf Pegida-Demonstrationen gesichtet wie Christian Worch (Parteivorsitzender Die Rechte) und Siegfried Däbritz (ehemals FDP), der Muslime laut der Chemnitzer Zeitung »Freie Presse« als »mohammedanische Kamelwämser«[98] und »Schluchtenscheißer« bezeichnet. Und da wäre ja noch der Pegida-Mitbegründer Thomas Tallacker (ehemaliger Stadtrat der CDU in Meißen), der gerne rhetorische Fragen stellt wie »Was wollen wir mit dem zu 90 Prozent ungebildeten Pack was hier nur Hartz 4 kassiert und unseren Sozialstaat ausblutet.« »Deutschland erwacht, wir werden jeden Tag mehr!«[99], jubelte Lutz Bachmann daher am 8. Dezember 2014 auf der Pegida-Website, begeistert über so viel Zulauf.

67 Nun muss man vielleicht nicht jedem, der eine Demo organisiert, vorhalten, wer dort alles erscheint. Auffällig ist in diesem Falle aber schon, dass hier neben organisierten Nazis, Rechtspopulisten und Hooligans auffallend viele Menschen auftauchen, die begeistert zu sein scheinen, dass sie mit dem Wanderstammtisch endlich einen Ort gefunden haben, an dem sie all ihre Stammtischparolen (»Wir sind ein besetztes Land«[100]) loswerden können. Damit nicht zu viel davon abgelassen wird, wurde daher auch folgerichtig ein Presseboykott erlassen. Nur mit seriösen Zeitungen (also den neurechten Publikationen »Blaue Narzisse« und »Junge Freiheit« sowie der »BILD« wurde geredet, alles andere ist »Lü-gen-pres-se!,

Lü-gen-pres-se!« Denn, so Kathrin Oertel: »Es ist uns mittlerweile klar, dass man sich mit manchen gar nicht zu unterhalten braucht. Wenn etwa ein ›Spiegel‹-Journalist vor meiner Tür steht, weiß ich, dass ich mit ihm nicht zu reden brauche. Der ist nicht an Inhalten interessiert, sondern geht mit der Intention in so ein Gespräch: ›Wie kann ich Pegida möglichst in die Pfanne hauen?‹«[101]

68 Auf die Parole »Lü-gen-pres-se, Lü-gen-pres-se«[102] kann man eigentlich nur mit einem nasezeigenden »selber, selber« antworten, wenn man bedenkt, dass der Bürgerjournalist Lutz Bachmann einmal für das große deutsche Hetzblatt BILD geschrieben hat.

69 Umso bizarrer ist es, dass nach den Mordanschlägen auf die Redaktion des Charlie Hebdo-Magazins Pegida-Demonstranten Trauerflor und »Ich bin Charlie«[103]-Schilder trugen. Als ob die Satirezeitschrift Charlie Hebdo nicht auch ein Teil der Lügenpresse wäre.

70 »Meine Partei spricht von einem Zuwanderungsland, glaube ich«[104], sagt Frau Merkel, ist sich aber anscheinend nicht so ganz sicher, ob das auch stimmt. Als ob ihre Partei das wirklich sagt. Oder sie denkt darüber nach, ob es stimmt, dass Deutschland ein Zuwanderungsland ist. Dabei müsste sie es doch eigentlich wissen, so als Neubürgerin, die mehr als die Hälfte ihres Lebens in einem anderen, um nicht zu sagen: fremden Land, verbracht hat: in der DDR. So gesehen ist es schon verwunderlich, wie wenig Empathie sie für Flüchtlinge aufzubringen in der Lage ist. Aber halt! Das sind ja auch keine Deutschen. Werden sie auch nicht, wenn sie vorher im Mittelmeer ersaufen.

71 »Wollt Ihr den totalen Krieg?«[105]
Deutsche Polizisten waren schon immer für ihren feinen Humor bekannt. Daher verwundert es nicht, dass sie mit Hilfe von Goebbels-Zitaten kommunizieren. Zum Beispiel beim Polizeieinsatz beim G7-Gipfel in Elmau:

> Hören Deutschlands Polizisten
> gern Zitate von Faschisten?
> Spielen sie bei jeder Fehde
> Sepp Goebbels Sportpalast-Rede?
> Ich dachte, seitdem Deutschland besetzt,
> seine Fans in Ruhestand versetzt.

Zwischenruf

Peinlich II

Asse-A's zu sprühen, ist natürlich vollkommen in Ordnung. Aber bitte, liebe Polizisten, verzichtet doch künftig darauf, der nicht mehr ganz so jungen Sprayerin auf die Schulter zu tippen und zu sagen: »Na, sind Sie dafür nicht schon ein bisschen zu alt?« Dann lieber wieder die gute alte Polizeigewalt.

72 Pirinçci! Was wäre dieses Buch ohne ihn? Kein anderer bringt die Ressentiments, wie das Denken der neuen alten Rechten, so schön auf den Punkt wie er. Aber warum eigentlich ausgerechnet er? Schließlich ist er noch nicht einmal in Deutschland geboren, sondern im türkischen Istanbul. Liest man jedoch sein Buch »Deutschland von Sinnen«, bekommt man einen ganz anderen Eindruck. Kaum ein »Bio-Deutscher« (ein Begriff, den er verwendet, um autochthone Deutsche zu bezeichnen) würde auf die Idee kommen, derart rassistische Klischees zu bedienen: Von einer »Asylbetrügerschwemme«[106] oder gar einem »Tsunami an Zigeunern und Scheinasylanten«[107] ist die Rede. »Migranten sind keine Touristen«, heißt es dort, »Da hast du was verwechselt. Schon gar keine Kostgänger, die unseren Sozialstaat aussaugen wie nimmersatte Vampire. (...) Sonst ist das keine Migration, sondern die Eroberung und Versklavung eines Volkes durch ein anderes.«[108] Manchmal scheint dabei fast so etwas wie Selbsthass durch. Man bekommt den Eindruck, dass Pirinçci, der eben *kein* »Bio-Deutscher« ist, diesen Mangel mit umso größerem Eifer auszugleichen versucht. Und daher alles hasst, was ihn an seine eigene Herkunft erinnert. Und wer hätte einem gebürtigen Deutschen zugehört, der derartigen Quark von sich gibt? »Wir, die starken deutschen Söhne und Töchter, stehen vor und hinter dir [...] Deutsche, dies ist euer Land! Es gehört keinem anderen als euch! Es lebe das heilige Deutschland!«[109] Genau: Niemand hätte ihm zugehört, ohne in Gelächter auszubrechen. Und das zu Recht.

Zwischenruf

I don't like mondays

8. Juni 2015. Seit Monaten belästigt eine Gruppe, die sich Bragida nennt (Braunschweig gegen die Islamisierung des Abendlands) die Bürger dieser Stadt mit Demonstrationen, für die sich niemand interessiert, außer sie selbst. Und ein paar Gegendemonstranten. Und natürlich mich.

So schwinge ich mich auf mein Rad und reite in die Innenstadt, um nachzugucken, ob sich auch heute wieder Leute finden, die den Okzident vor einer UmORIENTierung retten wollen. Aber erst mal schaue ich auf der Mahnwache für den

Frieden vor den Schlossarkaden (auch bekannt als Schlossattrappen) vorbei. Friedenspolitik scheint für diese Leute aus zwei großen Säulen zu bestehen. Erstens: kein Fleisch zu essen. Zweitens: Putin gut zu finden. Bei der ersten Sache bin ich dabei; bei der zweiten muss ich passen, da mir der »lupenreine Demokrat« (Gerhard »Gazprom« Schröder) eindeutig zu viele autokratische Züge hat.

Nur hurtig weiter, auf die andere Seite des Potemkinschen Schlosses, wo ich auch schon Gegendemonstranten sehe, die sich hauptsächlich aus der »Grünen Jugend« rekrutieren. Aber wo ist denn Bragida überhaupt? Dann entdecke ich sie, in einigen hundert Metern Entfernung. Da sie ohne Fernglas kaum zu erkennen, geschweige denn zu hören sind, beschließe ich, mich ihnen unauffällig zu nähern. Also wieder rein in Kafkas Einkaufsschloss und durch einen anderen Ausgang wieder raus. So bin ich schon viel näher dran.

Zu meiner Überraschung entdecke ich eine Israel-Fahne in dem circa zwanzigköpfigen Bragida-Aufgebot. Eine Frau hält eine Rede. Wenn ich das richtig verstehe, behauptet sie, dass sie eine Amerikanerin jüdischer Herkunft sei (die allerdings akzentfrei deutsch spricht). »Wer ist denn hier der Faschist?«, blafft sie die Mitglieder der »Grünen Jugend« an. Doch auch die eigenen Bragida-Eckensteher haben unter ihrer schlechten Laune zu leiden. »Könnt Ihr vielleicht mal klatschen?«, schreit sie sie an, woraufhin diese tatsächlich lustlos mit den Händen patschen. Von Euphorie hat keiner was gesagt!

Nach einiger Zeit kommt ein Wachtmeister auf mich zu und fragt, ob ich vorhätte, an der Kundgebung teilzunehmen. Als ich verneine, weist er mich darauf hin, dass ich dann bitte weiterzugehen habe. Warum, kann er mir nicht erklären und dass ich an einem Buch zu diesem Thema arbeite und hier recherchiere, interessiert ihn auch so rein gar nicht.

Also latsche ich weiter zu einer weiteren, weit größeren Ansammlung von Gegendemonstranten, die sogar Musik mitgebracht haben. Jedenfalls rührt Sambattac mit enervierender Monotonie die pinken Trommeln. Ich hoffe, dass die Demo nicht allzu lange dauert, denn ewig halte ich das hier nicht aus.

Glücklicherweise haben auch die Bragida-Demonstranten bald keine Lust mehr, so dass sie unter polizeilichem Geleitschutz und in Begleitung von Antifas und Punks gen Bahnhof ziehen. Auch ich will nun gehen und versuche dabei, den kürzesten Weg zu nehmen, der jedoch immer noch von Polizisten versperrt wird. Als ich frage, ob ich hier durch dürfe, verneint einer von ihnen unwirsch. »Warum nicht?«, frage ich in aller Unschuld. »Darum nicht!«, röhrt es aus ihm heraus. Auch weitere Nachfragen beantwortet er nur mit kurzen Sätzen wie »Das geht Sie gar nichts an!« und »Das sage ich Ihnen nicht!«. Erst einer seiner Kollegen ist in der Lage, mir vernünftig zu antworten: »Weil noch nicht alle weg sind.« Ich nicke und nehme einen Umweg. Ich frage mich, ob die beiden zu viele Bücher über Polizeipsychologie gelesen haben, so dass sie gar nicht mehr ohne dieses »Guter Bulle/Böser Bulle-Spiel« auskommen. Sicher ist nur: Wer solche Freunde und Helfer hat, braucht keine Feinde mehr. Im Zweifelsfalle wäre es mir fast lieber, wenn ich nicht von ihnen beschützt werden würde.

Zwischenruf

Wie man sich einen russischen Bären aufbinden lässt

Die Friedensbewegung hat Putin gern.
Er ist für sie wie ein leuchtender Stern,
der ihnen zeigt den Weg zum hellen Licht.
Denn den wissen sie leider selber nicht.

Dank seiner Medien kenn' sie die Wahrheit,
wissen die Richtung und haben die Klarheit,
ahnen wer gut ist und wer einfach nur schlecht.
Putin sagt es ihnen, und ist auch gerecht.

Zwischenruf

Nun, Volk, steh' auf! Und Shitstorm, brich' los!

Beispiel 1: Auf dem Foto in der Wochenendausgabe einer regionalen Zeitung sind einige Erwachsene zu sehen, die plaudernd an einer Bushaltestelle stehen, während Kinder daneben auf einer Bank sitzen. Eine Idylle! In der Bildunterschrift dazu heißt es: »Einige Bewohner von Kralenriede und der Schunteraue stoßen sich an diesem Bild«. Nanu? Erst der Hinweis, dass es sich bei den Menschen um »Asylsuchende an einer Bushaltestelle« handelt, bringt Aufklärung, was beziehungsweise wer hier der Störfaktor sein könnte.

Beispiel 2: Auf dem Foto, das in einer dieser lokalen Plaudergruppen im Internet gepostet wurde, war ein Infostand vor der Braunschweiger Buchhandlung Graff zu sehen, an dem offensichtlich für die Religion des Islam Werbung gemacht wurde. Dagegen ist ja nichts zu sagen – Christen und Buddhisten machen so etwas auch manchmal (ich gehe dann meistens ganz schnell daran vorbei, weil ich keine Lust habe, mit Gläubigen über ihren Glauben zu diskutieren; das führt erfahrungsgemäß zu nichts). Erstaunlich sind nur die Kommentare einiger Plaudergruppen-Mitglieder, die davon sprechen, dass man das »Pack rausschmeißen« solle und »dass der Islam in Deutschland« nichts verloren hätte (ich gebe das aus dem Gedächtnis wieder, weil das Foto samt Kommentaren dankenswerterweise inzwischen gelöscht wurde).

Die beiden Bilder sind eigentlich ziemlich bedeutungslos – interessant werden sie erst durch die Reaktionen, die sie hervorrufen. Man kann es wohl gar nicht oft genug sagen: Flüchtlinge kommen nicht freiwillig hierher. Sie befinden sich nämlich auf der Flucht. Sonst wären sie keine Flüchtlinge, sondern Einwanderer. Und Einwanderer wiederum haben die Angewohnheit, Dinge mitzubringen. Ihre Koffer, ihr Wissen, ihr Können, ihre Schul- und Hochschulabschlüsse – und ihre Religion. Das kann man ihnen schlecht vorwerfen, zudem es in unserem Land freigestellt ist, an was man glaubt. Sei es Jehova oder Allah oder Buddha oder Krishna oder das Spaghettimonster. Sogar Satanist darf man sein!

Ja, warum denn auch nicht? Es kommt nicht darauf an, welcher Religion man formal angehört, sondern wie man diese lebt. Ich kenne sehr liberale Moslems und sehr fundamentalistische Christen – nur mit letzteren komme ich nicht immer gut zurecht. Weil sie dazu tendieren, ihre Lebensweise anderen Leuten aufzudrängen oder sogar verpflichtend machen zu wollen.

Und so weiß ich natürlich auch nicht, welcher Richtung diese islamische Gruppe da vor Graff angehörte (das war auf dem Foto nicht zu erkennen), weiß aber, dass wir keine andere Wahl haben, als auch mit Muslimen zusammenzuleben. Und ich weiß auch, dass wir weiter Flüchtlinge aufnehmen müssen. Und das ist auch gut so.

Zwischenruf

Beate Zschäpes Lieblingsspeise

September 2013. Mit zwei Produktionen, die sich mit der unmittelbaren Zeitgeschichte beschäftigen, hat das Staatstheater Braunschweig die Schauspielsaison eröffnet – und ist damit in der gesellschaftlichen Gegenwart angekommen. Während »Apathisch für Anfänger« von Jonas Hassen Khemiri die europäische Asylpolitik zum Thema hat, widmet sich »Unter Drei« von Mareike Mikat dem NSU-Terror. .

Stück 1. Schweden, Mitte der Nuller Jahre. Zahlreiche Kinder aus von Abschiebung bedrohten Flüchtlingsfamilien verfallen in Apathie, verlieren den Kontakt zur Außenwelt und verweigern die Nahrungsaufnahme. Eine Protestbewegung setzt sich dafür ein, den Betroffenen die Aufenthaltsgenehmigung zu erteilen. Den Unterstellungen, die Kinder würden simulieren oder ihre Eltern hätten sie vergiftet, folgt allerdings die zwangsweise Abschiebung. Der Journalist Gellert Tamas veröffentlichte einige Jahre später ein Buch, in dem er versuchte, die Geschehnisse zu beleuchten. Nur um im Laufe der Recherche festzustellen, dass er an die Grenzen dessen stieß, was man gemeinhin Objektivität nennt: »Das, was wir unter Erinnerungen verstehen, das Erlebte, das Geschehene und Gehörte, kann sich im Laufe der Zeit mit Ereignissen verbinden, die wir nur aus Berichten oder von Bildern kennen. Der Ort, wo die Erinnerung beginnt und die Wirklichkeit endete, lässt sich als ein fließendes, trügerisches Grenzland beschreiben.«

Die deutschsprachige Erstaufführung von »Apathisch für Anfänger« von Jonas Hassen Khemiri setzt da an, wo Tamas aufhört. Man könnte nun das hervorragende Ensemble loben. Und das originelle, flexible, intelligente Bühnenbild. Die tolle Lichttechnik. Die geschickte Dramaturgie. Und ja, wir haben gelacht über witzige Regieeinfälle. Haben uns amüsiert über die musikalischen Einlagen. Und trotzdem bleibt am Ende Ratlosigkeit. Die gewollt sein wird, bedenkt man die Vorgaben von Gellert Tamas. So verwundert es auch nicht, dass Mina Salehpour, die das Stück inszeniert hat, davon spricht, dass es »die totale Verneinung der objektiven Wahrheit sei«[110]. Nun darf man aber angesichts der aktuellen Asyldebatte fragen, ob das Beispiel, in dem diese Subjektivität der Wahrnehmung und die Manipulierbarkeit der Erinnerungen durchexerziert werden, wirklich klug gewählt ist.

Stück 2: Wenige Tage später, am 15. September, feierte »Unter drei« in Braunschweig Premiere. Wieder am Staatstheater, diesmal jedoch auf der Experimentierbühne der Hausbar. Auch dieses Stück basiert auf wahren Begebenheiten (wobei »wahr« eben ein relativer Begriff ist, s. o.), nämlich auf der Mordserie des rechtsextremen NSU. Erinnern wir uns: Weder die mediale Öffentlichkeit noch die Polizei erkannte damals die rassistischen Motive hinter den Morden, was den Tätern half, jahrelang unerkannt in Zwickau leben zu können. Stattdessen wurde eine SoKo Bosporus gebildet, deren Name das Ziel der Ermittlungen eindeutig vorgab. Die Mörder suchte man nicht in Deutschland – zumindest nicht unter Deutschen – sondern ausschließlich im Umfeld der Opfer. Kriminelle Banden kämpfen um die Vorherrschaft in der türkischen Parallelgesellschaft, so lautet die niemals ernsthaft hinterfragte Wahrheit der deutschen Polizei und der involvierten Geheimdienste. Uwe Mundlos und Uwe Böhnhardt starben vor ihrer Festnahme, während Beate Zschäpe die gemeinsame Wohnung in Brand steckte – angeblich um Beweise zu vernichten und damit die »Wahrheitsfindung« zu verhindern.

Mareike Mikat setzt sich in ihrem Stück, in dem übrigens Beate Zschäpe von einem Mann, und die beiden Uwes von Frauen gespielt werden (was eine gewisse ironische Distanz schafft, ebenso wie der Einsatz von Schattenspielen und die

Verwendung einheitlicher Bühnenkostüme), nicht nur mit der NSU und dem Versagen der deutschen Sicherheitsbehörden auseinander, sondern auch mit unseren Vorstellungen von dem »Terror-Trio«. Was wissen wir von ihnen? Oder was glauben wir, von ihnen zu wissen? Und was interessiert uns an ihnen wirklich? Wer wann mit wem schlief? Oder ob die drei eine schwere Kindheit in der DDR hatten, in der sie Kinderlieder über Volkspolizisten auswendig lernten? Und wer interessiert uns eigentlich mehr? Die Ermordeten oder die Mörder? Die Antwort ist klar: »Man kennt Jack the Ripper, aber nicht seine Opfer«[111], weiß auch Mareike Mikat. Was ja nicht verwundern kann, denn die Mordopfer waren – sieht man vielleicht mal von der Polizistin Michèle Kiesewetter ab – ganz »normale« Menschen. Vielleicht um Vorwürfen zu umgehen, sie sei zu sehr auf die Täter fixiert gewesen, lässt Mikat nun aber auch die (toten) Opfer zu Wort kommen.

Dabei wäre weniger sicherlich mehr gewesen, denn die stärksten Passagen des Stückes sind die, in denen wir etwas über die Terroristen selbst erfahren. Über ihre Versuche, ein normales Leben zu führen (inklusive Liebesbeziehungen, dem Kochen von Lieblingsgerichten und dem alljährlichen Urlaub auf Fehmarn) und ihre Bemühungen, eine Begründung für ihre Taten zu finden. Hier hätte man vertiefen können. Denn warum konnte das Trio jahrelang unentdeckt bleiben? Warum haben nicht nur die Sicherheitsbehörden, sondern auch die Nachbarn nichts bemerkt? Schon eine oberflächliche Recherche zeigt, wie nah einige der Nachbarn den Nazis waren – nicht nur räumlich, sondern auch in ihren kulturellen Vorlieben und ideologischen Vorstellungen. Die Vermutung liegt nahe, dass es durchaus gute Gründe gab, dass sich die Mitglieder des NSU als Vollstrecker der Ideen ihres sozialen Umfeldes und natürlich auch ihres weitverzweigten Unterstützernetzes wähnen konnten. Und damit als politische Aktivisten gelten, die das ausführten, wozu anderen – Gleichgesinnten – nur die

Konsequenz fehlt. Am Ende des Stückes wird gefragt, wie auf die Morde zu reagieren sei – mit Vergebung oder mit Rache. Diese Fragestellung geht am eigentlichen Problem vorbei. Die Schwierigkeit ist doch die, wie weitere rassistische Gewalttaten zu verhindern sind.

Sowohl »Apathisch für Anfänger« als auch »Unter drei« zeigen die Undurchschaubarkeit der Welt. Und drohen genau daran zu scheitern. Denn es mag sein, dass es keine objektive Wahrheit gibt – aber sich der Suche nach der Wahrheit zu verweigern, kann auch nicht der alleinige Anspruch eines Theaterstückes sein. Theater kann Fragen stellen – aber es sollte auch versuchen, Ansätze für mögliche Antworten aufzuzeigen.

Zwischenruf

Über staatliche Mitarbeiter

Der NSU mordete unerkannt, es wollte wohl niemand sehen.
Die Spitzel ließen erst sich selbst und dann die Terroristen gehen.

Persil für alle

oder

Es ist nicht leicht, ein Nazi zu sein

Zwischenruf

Es hat ja einige Jahre und Tote gedauert bis der Nationalsozialistische Untergrund dort gelandet ist, wo er hingehört: Unter die Erde beziehungsweise hinter Gittern. Natürlich stellt man sich jetzt die Frage, warum es so lange brauchte, bis es Polizei und Verfassungsschutz gelungen ist, die Terroristen ausfindig zu machen. Die Antwort ist ganz einfach: Nazis gibt es nicht, zumindest nicht in Deutschland. Denn Nazis sind bekanntlich vor gut 60 Jahren urplötzlich ausgestorben. Heutzutage gibt es nur »Mitläufer«, »Verführte«, »Verwirrte«, »Einzelgänger«, »gehört man der Hooligan-Szene an« oder »ist in Streitigkeiten unter rivalisierenden Jugendbanden verwickelt«. Aber rechtsextrem ist hier niemand. Da kann man auch »Ausländer raus« gebrüllt, den Hitlergruß gezeigt und ein Hakenkreuzkoppelschloss getragen haben. Dann wollte man bloß provozieren. Weil man eine schwere, schwere Kindheit hatte. Da braucht man dann ganz viel Liebe, Verständnis, Zuspruch und ein paar Bildungsgutscheine.

Ein Sprecher der Braunschweiger Polizei stellte zum Beispiel anlässlich der Festnahme zweier rassistischer Schläger fest, dass den beiden »ganz einfach« dass »politische Verständnis«[112] fehle, um Nazis zu sein. Das träfe allerdings auch auf die marodierenden Hitlerjungen und volltrunkenen SA-Männer der 20er und frühen 30er-Jahre zu. Was muss man tun, um in Deutschland als Nazi zu gelten? Muss man da eine Ausbildung machen? Lehrgänge belegen? Eine Hausarbeit schreiben? Ein Praktikum als V-Mann beim Verfassungsschutz absolvieren? Und steht am Ende dieser staatlich zertifizierten Lehre eine Prüfung? Die stelle ich mir dann so vor:

Prüfer: Vervollständigen Sie bitte. Eine bedeutende Schrift des Antisemitismus sind die »Protokolle der Weisen von ...«

Prüfling: Wallstreet! Dieses Finanzkapital da an der Ostküste. World Trade Center und so.

Prüfer: Nein, das ist leider nicht richtig. »Zion« wäre richtig gewesen. Eine bekannte Parole der Nationalsozialisten war: »Die Juden sind unser ...«

Prüfling: Scheiße. Juden sind scheiße! Aber echt. Die sollte man alle ...

Prüfer: Nein, das stimmt leider auch nicht. »Unglück« wäre die Antwort gewesen. Einen Versuch haben Sie noch. Eine andere Parole lautete: »Juda ...«

Prüfling: ... fick dich! Die sollen sich alle ficken, die Juden und Neger und Fidschis!

Prüfer: Nein, das ist auch falsch: »verrecke« wäre korrekt gewesen. Leider ist bei Ihnen kein geschlossenes rechtsextremes Weltbild zu erkennen. Tut mir leid! Versuchen Sie es doch mal bei den Islamisten. Die nehmen eigentlich jeden.

Und so gesehen hätte vielleicht sogar der Führer Schwierigkeiten gehabt, als Nationalsozialist zu gelten – schließlich war seine Schulbildung mangelhaft, sein Deutsch schlecht und im Krieg hatte er es gerade mal bis zum Gefreiten gebracht. Und Ausländer war er auch noch. Andererseits waren Leute wie Himmler (der ein humanistisches Gymnasium besucht hatte) und Goebbels (einer der besten Schüler seines Abiturjahrgangs) wiederum zu klug und zu gebildet dafür. Und auch Göring, dem verdienten Flieger und jovialen Jäger mit dem Teddy-Bär-Appeal, hätte man wohl keine extremistischen Tendenzen unterstellen wollen. Fazit: Nazis gab es nicht, gibt es nicht und wird es auch nie geben.

Und der Nationalsozialistische Untergrund? Lediglich die Ausnahme, die die Regel bestätigt. Da hat Deutschland ja noch mal Glück gehabt.

73 Konsequenz ist für Nationalisten ja eigentlich kaum möglich. Wer sich auf die Suche nach dem Kern einer Nation macht, ist immer auf dem Holzweg. Und dieser führt stets in die Irre. Was Irre ja nicht stört, denn da fühlen sie sich zuhause. Ein Beispiel gefällig? Bitte sehr: Schon die Versuche im 18. und 19. Jahrhundert, die deutsche Sprache von fremdländischem – damals vornehmlich französischem und lateinischem – Vokabular zu reinigen, veranlassten den weltläufigen Johann Wolfgang Goethe, den Braunschweiger Fremdwortbeseitiger Johann Heinrich Campe als »Waschfrau von der Oker« zu verspotten. Dabei würden Wörter wie Geistesanbau (statt Kultur), Dörrleiche (statt Mumie), Scheidekunst (statt Chemie), Lotterbett (statt Sofa), Lusthöhle (statt Grotte) und Zitterweh (statt Fieber) sich doch sehr gut machen in der deutschen Sprache. Und das sage ich jetzt nur mit ein klein bisschen Schalksernst (vormals: Ironie).

Worauf ich jedoch hinaus möchte, ist, dass es einfach nicht geht, dass sogenannte Autonome Nationalisten englische Parolen benutzen: »CAPITALISM KILLS«[113] auf einem Demoführungstranspa geht nicht, denn das ist so, als wenn man eine Fahrraddemo für mehr Autobahnen veranstaltet. Also ein ganz großes »Don't« (beziehungsweise »Tu nicht«) für diesen Slogan (Verzeihung: »Wahlspruch«)! Wer so etwas schreibt, ist eindeutig ein Opfer des von der Wallstreet (Verzeihung: Mauernstraße) finanzierten Kulturimperialismus.

Und dass ein 34-jähriger Mann in Begleitung von zwei weiteren Personen die Wohnungstür einer benachbarten Familie in Gelsenkirchen eintrat und versuchte, die Bewohner mit einem Billardqueue und einem Küchenmesser zu verletzen, ist widerwärtig genug. Dass er der WAZ zufolge die Familienmitglieder unter anderem als »Fucking Ausländer«[114] bezeichnete, ist jedoch grotesk. Das erinnert mich übrigens an einen alten Freund von mir, der nach wenigen Jahrzehnten des Aufenthalts in Deutschland endlich die türkische Staatsbürgerschaft ab- und die deutsche annehmen durfte. Er war so begeistert, dass er sogleich verkündete, vor das Haus seines Vaters ziehen zu wollen (mit dem er im Clinch lag), um dort laut und vernehmlich »Ich bin stolz eine Ausländer zu sein« zu sein, zu rufen. Man beachte das Wörtchen »eine« vor »Ausländer«. Aber die Botschaft wäre wohl auch mit falscher Grammatik angekommen.

Zwischenruf

Die Nulltoleranzstrategie

Ich sitze in der KaufBar mit einem Haufen englischer und deutscher Dichterinnen und Dichter und denke laut über das Thema der nächsten Subway-Kolumne nach. »Toleranz«, sagt eine Kollegin, »schreib mal was über Toleranz.«

»Toleranz ist doof«, antwortet jemand für mich und macht selbst einen Vorschlag: »Schreib lieber über Thomas Tuchel und warum die Erwartungen an ihn zu hoch sind.«

Ich überlege. »Nein, die Kolumne erscheint ja erst in zwei Wochen«, sage ich, »dann ist er vielleicht *noch* nicht oder nicht *mehr* Trainer beim BVB. Wenn er da *überhaupt* hingeht.«

Also vielleicht doch Toleranz. Beziehungsweise Intoleranz.

»Intoleranz ist schlimm«, sagt der Fußball-Experte. »Meine Schwägerin leidet zum Beispiel an Laktoseintoleranz.«

»Die Arme«, bedauere ich die Laktose.

»Toleranz«, wirft eine Dichterin ein, »sollte nur eine vorübergehende Gesinnung sein; sie muss zur Anerkennung führen. Dulden heißt Beleidigen. Hat Goethe gesagt.[115]«

»Wenn Toleranz eine Beleidigung wäre, würde ich gerne Nazis tolerieren«, sage ich daraufhin. »Aber noch lieber würde ich sie *nicht* tolerieren. Und *zusätzlich* beleidigen.«

Während wir uns einvernehmlich anschweigen, google ich unter dem Tisch nach einem passenden Zitat. »Toleranz«, führe ich schließlich aus, »kann nicht bestehen gegen Intoleranz, wenn diese nicht als ungefährliche, private Verschrobenheit gleichgültig behandelt werden darf. Es darf keine Freiheit geben zu Zerstörung der Freiheit.«[116]

»Da hat Jaspers Recht«, bestätigt »mich« die Goethe-Kennerin. »Auch Grass wies darauf hin ...«

»Grass kannste in der Pfeife rauchen«, unterbreche ich sie und freue mich über die Doppeldeutigkeit dieses Satzes.

»Aber die Blechtrommel ...«, ruft die Goethe- und Jaspers-Kennerin.

»... ist nur Blech«, unterbreche ich sie, »seit Grass kurz vor Veröffentlichung seiner Autobiografie werbewirksam bekannt hat, dass er Mitglied in der Waffen-SS war. Und diese jahrzehntelang verschwiegen hat.«

»Der Butt! Die Rättin! Ein weites Feld!«, insistiert die Goethe-, Jaspers- und Grass-Kennerin.

»Vielleicht sogar ein Fußballfeld«, wirft der Fußball-Experte hoffnungsfroh ein.

»Alles wertlos«, sage ich, »allerspätestens seit seinem Gedicht ›Was gesagt werden muss‹, in dem er schrieb, dass ›die Atommacht Israel den ohnehin brüchigen Weltfrieden gefährde‹, als ob nicht in Wirklichkeit die Aggression vom Iran ausginge.«

»Du bist intolerant!«, sagt die Goethe-, Jaspers- und Grass-Kennerin vorwurfsvoll.

»Ja, das stimmt!«, bestätige ich sie und lächle zufrieden, während ich noch den Fußball-Experten »Und was ist jetzt mit Tuchel?« fragen höre.

Israelkritik

oder

Ich kann beim besten Willen
keinen Antisemitismus erkennen

74 Bleiben wir noch ein bisschen bei Günter Grass, der sich – wie gesagt – jahrzehntelang als das antifaschistische Gewissen der Nation und allgemeine moralische Überinstanz inszenierte, nur um wenige Jahre vor seinem Tod zu bekennen, dass er einst Mitglied der Waffen-SS war. Gewiefter Reklamemann der er war, kolportierte er diese Nachricht kurz vor der Veröffentlichung seiner Autobiografie, was den Verkaufszahlen derselben sicherlich nicht abträglich war.

Nun ist es nicht ungewöhnlich, in Deutschland (und ja, auch in Europa) in jener Generation Menschen zu finden, die einer nationalsozialistischen oder faschistischen Organisation angehörten. Wundern darf man sich aber schon über die Chuzpe, mit der Grass dies jahrelang verschwiegen hat. Die These, dass er diese verdrängt und vergessen hätte, halte ich für eine Schutzbehauptung. Immerhin intervenierte er gegen den Besuch von Helmut Kohl und Ronald Reagan auf dem Bitburger Soldatenfriedhof, weil dort neben Wehrmachtssoldaten auch SS-Angehörige (mithin Kameraden von Grass) beerdigt sind.

Nicht zu vergessen: Grass' Gedicht »Was gesagt werden muss«, das am 4. April 2012 zeitgleich in drei führenden europäischen Zeitungen erschien, nämlich in der Süddeutschen Zeitung, in der italienischen La Repubblica und in der spanischen El País. Grass ließ es sich nicht nehmen, so zu tun, als würde er im Alleingang etwas ganz Neues sagen, als würde er – gegen alle Widerstände – ein Presseembargo durchbrechen.

> »Warum sage ich jetzt erst,
> gealtert und mit letzter Tinte:
> Die Atommacht Israel gefährdet
> den ohnehin brüchigen Weltfrieden?
> Weil gesagt werden muß,
> was schon morgen zu spät sein könnte;
> auch weil wir – als Deutsche belastet genug –
> Zulieferer eines Verbrechens werden könnten,

das voraussehbar ist, weshalb unsere Mitschuld
durch keine der üblichen Ausreden
zu tilgen wäre.«[117]

Unangenehm mutet auch an, dass Grass hier aus den Verbrechen der Deutschen das Recht ableitet, als moralisches Weltgewissen zu agieren. Der FAZ-Herausgeber Frank Schirrmacher nannte den Text daher auch zu Recht »ein Dokument der ›imaginären Rache‹ einer sich moralisch lebenslang gekränkt fühlenden Generation.«[118] Das Gedicht sei »ein Machwerk des Ressentiments«. Grass' Ansinnen, eine Diskussion darüber zu führen, ob man Israel kritisieren dürfe, sei abzulehnen, vielmehr »müsste (die Debatte) darum geführt werden, ob es gerechtfertigt ist, die ganze Welt zum Opfer Israels zu machen, nur damit ein fünfundachtzigjähriger Mann seinen Frieden mit der eigenen Biographie machen kann.« Henryk Broder ging noch weiter, indem er Grass als den Prototypen »des gebildeten Antisemiten« bezeichnete, »der es mit den Juden gut meint. Von Schuld- und Schamgefühlen verfolgt und zugleich von dem Wunsch getrieben, Geschichte zu verrechnen, tritt er nun an, den ›Verursacher der erkennbaren Gefahr‹ zu entwaffnen.«

Nun erhielt Grass für das Prosagedicht natürlich auch viel Lob. Zum Beispiel von der iranischen Regierung, deren Vize-Kulturminister Dschawad Schamakdari in einem Brief an Grass schrieb, dass er hier »die Wahrheit gesagt« habe: »Ich habe Ihr warnendes Gedicht gelesen, das auf so großartige Weise Ihre Menschlichkeit und Ihr Verantwortungsbewusstsein zum Ausdruck bringt«.

Man sollte immer misstrauisch sein, wenn man von Vertretern des schiitischen Gottesstaates gelobt wird, zudem ein näherer Blick auf das Poemchen die schlimmsten Befürchtungen bestätigt. Denn die Tatsache, dass der Staat Israel gezwungen ist, sich gegen die Nachbarstaaten zur Wehr zu setzen – oder zumindest durch Drohgebärden abzuschrecken – wird hier ignoriert. Stattdessen zeichnet Grass das Bild einer aggressiven Atommacht, die die harmlosen Nachbarstaaten mit der totalen Vernichtung bedroht.

Auch Jakob Augstein outete sich als begeisterter Leser des Textes und schrieb, dass der Satz »Die Atommacht Israel gefährdet den ohnehin brüchigen Weltfrieden« »einen Aufschrei ausgelöst (hat). Weil er richtig ist. Und weil ein Deutscher ihn sagt, ein Schriftsteller, ein Nobelpreisträger, weil Günter Grass ihn sagt. Darin liegt ein Einschnitt. Dafür muss man Grass danken. Er hat es auf sich genommen, diesen Satz für uns alle auszusprechen. Ein überfälliges Gespräch hat begonnen.« Auch hier die Behauptung, dass Grass publizistisches Neuland betreten habe, dass es vorher keine Kritik von Intellektuellen an der Politik Israels gegeben habe. Dabei gab es die durchaus, vielleicht mehr als genug.

Und die Antwort auf die Frage, ob man die israelische Politik kritisieren dürfe, lautet selbstverständlich ja. Es gibt nichts auf der Welt, was nicht auch in Zweifel gezogen werden darf. Es ist aber immer auch eine Frage, wie man das macht. Der US-amerikanische jüdische Politologe Peter Beinart nannte den Grass-Text im Stern »verstörend«, weil sich der Autor eines »nationalsozialistischen Vokabulars« bediene, wenn er davon spreche, Israel wolle das iranische Volk »auslöschen«. Durch diese »Gleichsetzung israelischer Politik mit dem Holocaust« untergrabe Grass »jedes seiner vielleicht richtigen Argumente.« Wohlgemerkt: Beinart selbst übte scharfe Kritik an der Regierung Netanjahu, vor allem hinsichtlich ihrer Siedlungspolitik.

Irritierend ist übrigens auch, dass der fragwürdige Inhalt des »Prosagedichts« mit einer erschreckend niedrigen literarischen Qualität einhergeht. Dass es von einem Nobelpreisträger geschrieben wurde, wird gut verborgen. Und so zog der Text nicht wenig Spott auf sich. Spiegel Online sprach von einem »lyrischen Erstschlag«, der Literaturkritiker Jörg Magenau bezeichnete ihn als »kitschig« und »pathetisch«, Marcel Reich-Ranicki nannte ihn »ein ekelhaftes Gedicht«, Herta Müller gar ein »sogenanntes Gedicht«, Louis Begley polemisierte, dass Grass die »Atommacht« seines Namens nutze, um einen »billigen Prosatext« zu publizieren, Durs Grünbein sprach von einem »Pamphlet«, Raphael Gross von »Hassgesang«, Daniel Goldhagen von einem »politischen Flugblatt« und Thomas Rothschild schlicht und ergreifend von einem »schlechten Gedicht«.

Das kann man natürlich auch anders sehen, denn das »metrische Grundmuster, das die Zeilen zu Versen macht, ohne ihren Prosaklang aufzuheben«, behauptet der Literaturkritiker und Lyriker Heinrich Detering, seien als poetologisches Qualitätskriterium des Gedichts zu werten. »Da die Zahl der unbetonten Silben frei bleibt«, analysiert er bastelscherenscharf, »sind Norm und Abweichung so ausbalanciert, dass dieses Muster zum Wasserzeichen in einem Papier wird, auf dem ganz unterschiedlich geschrieben werden kann.« Die Zeile »Es ist das behauptete Recht auf den Erstschlag« sei im »epischen Dreivierteltakt des Daktylus« gebaut. Das kann man ja mal behaupten. Ich glaube jedoch, nicht ganz falsch zu liegen, wenn ich sage, dass der Name (Günter Grass!) und Rang (Nobelpreisträger!) des Autors das Auffinden solcher Qualitätsmerkmale enorm erleichtert.

75 »Ich hatte gehofft, dass es zu einer Debatte kommt. Aber was ich erlebe, ist eine fast wie gleichgeschaltete Presse. Ich bekomme haufenweise Emails von Menschen, die mir zustimmen. Das dringt aber nicht an die Öffentlichkeit.«[119] Grass beklagte sich darüber, dass sein »Prosagedicht« zu wenig Zuspruch erfahren habe. Und wo tat er das? In einer Nischensendung wie den »Tagesthemen«, die gerade mal von 2,5 Millionen Menschen gesehen wird. Es ist wirklich beschämend, wie Grass totgeschwiegen wird.

76 Aber die Selbstinszenierung als Opfer der Öffentlichen Meinung funktioniert ja auch zu schön.
Womit wir bei Martin Hohmann angekommen wären. Der CDU-Bundestagsabgeordnete hielt am 3. Oktober 2003 im hessischen Neuhof eine Rede zum Tag der Deutschen Einheit. 120 Zuhörer konnten darin nichts Überraschendes finden, so dass der Kreisverband der Partei diese sogar auf seine Internetseite einstellte, wo sie von der Journalistin Andrea Livnat gefunden wurde. »Meine Damen und Herren«, heißt es in der Rede, »es wird Sie überraschen, daß der amerikanische Autokönig Henry Ford 1920 ein Buch mit dem Titel ›The International Jew‹ herausgegeben hat. (...) Darin prangert Ford die Juden generalisierend als ›Weltbolschewisten‹ an. Er vermeinte, einen ›alljüdischen Stempel auf dem roten Rußland‹ ausmachen zu können, wo damals die bolschewistische Revolution tobte. Er bezeichnete die Juden in ›hervorragendem Maße‹ als ›Revolutionsmacher‹. (...) Ford brachte in seinem Buch eine angebliche ›Wesensgleichheit‹ von Judentum und Kommunismus bzw. Bolschewismus zum Ausdruck. Wie kommt Ford zu seinen Thesen, die für unsere Ohren der NS-Propaganda vom ›jüdischen Bolschewismus‹ ähneln?«[120]

Tja, wie kommt er wohl dazu? Und wie kommt Hohmann dazu, über Fords Unsinn zu referieren, dessen von ihm herausgegebener Sammelband laut Baldur von Schirach »(d)as ausschlaggebende antisemitische Buch (war), das ich damals las und das Buch, das meine Kameraden beeinflußte«[121]? Die Antwort: Weil Hohmann meinte, die Frage stellen zu müssen, ob es nicht an der Zeit sei, angesichts der schlechten Wirtschaftslage, die Zahlungen an die Europäische Union und an die Holocaust-Opfer und ehemaligen Zwangsarbeiter zu verringern. Und das wird man ja wohl noch mal fragen dürfen. Und auch, ob man – angesichts der Oktoberrevolution und des Stalinismus – nicht »mit einer gewissen Berechtigung ... nach der ›Täterschaft‹ der Juden fragen« dürfe: »Auf diesem Hintergrund stelle ich die provozierende Frage: Gibt es auch beim jüdischen Volk, das wir ausschließlich in der Opferrolle wahrnehmen, eine dunkle Seite in der neueren Geschichte oder waren Juden ausschließlich die Opfer, die Leidtragenden?«[122]. Und fand sie in der Oktoberrevolution, an der nun mal die Juden Schuld seien. Aber er gab gleichzeitig Entwarnung: Nein, der Begriff »Tätervolk«[123] sei den Juden gegenüber absurd. Und auch den Deutschen gegenüber. Das wahre Tätervolk des 20. Jahrhunderts seien hingegen die »Gottlosen mit ihren gottlosen Ideologien«[124] gewesen. Da bleibt nur noch eins zu sagen: »Mit Gott in eine gute Zukunft für Europa! Mit Gott in eine gute Zukunft, besonders für unser deutsches Vaterland!«[125] Gott mit uns. Amen.

Die Argumentation geht also so: Die Deutschen haben Verbrechen begangen und wurden dafür »Tätervolk« genannt. Die Juden haben auch Verbrechen begangen, wurden aber nicht »Tätervolk« genannt. Ergo dürfen auch die Deutschen nicht so genannt werden. Damit überschritt Hohmann eine Grenze (»Das ist Goebbels pur, das kann man nicht anders sagen. Mit dem Stereotyp des jüdischen Bolschewismus haben die Nationalsozialisten Propaganda gemacht. Mit denselben Vorwürfen, die in der Rede von Herrn Hohmann als Tatsachenbericht vorkommen«[126], kommentierte Wolfgang Benz, Zentrum für Antisemitismusforschung), für welche er erst aus der CDU-Bundestagsfraktion und dann aus der Partei ausgeschlossen wurde.

Zwischenruf

Kleider machen Leute

Der Gauland findet den Friedmann
»aufreizend gut gekleidet«[127].
Der selbst sieht aus, als hätte er
die Haute Couture gemieden.

77 April 2015. Der FC Ingolstadt spielt auswärts gegen den 1. FC Union. Den bayerischen Fans wird eine israelische Flagge abgenommen, mit der sie ihren Spieler Almog Cohen unterstützen wollten. Begründung: »Keine Fahnen von Juden erlaubt.«[128] Mit anderen Worten: Wäre es um einen norwegischen Spieler gegangen oder um einen italienischen oder einen polnischen, wäre das Schwenken der entsprechenden Fahne gestattet gewesen. Von deutschen Fahnen ganz zu schweigen. Doch jüdische Fahnen in einem deutschen Stadion? Nur bei offiziellen Spielen der Nationalmannschaften! Wenn überhaupt.

Union Berlin berief sich später darauf, dass das ein Missverständnis gewesen sei. Und schob die Schuld auf die Polizei, die das »Zeigen der Flagge für ein politisches Statement« gehalten habe, das man »bei einer Sportveranstaltung untersagen wollte.« Ob jedes andere politische Statement ebenfalls unterbunden worden wäre, sei dahingestellt. Doch immerhin gab die Polizei am nächsten Tag zu, dass »(d)ie Aufforderung zum Einrollen der Flagge ... eine Fehlentscheidung gewesen«[129] sei. Man darf gespannt sein, bei welcher Gelegenheit sich die Freunde und Helfer in einem Fußballstadion das nächste Mal irren werden.

Ich schaue mal in meine Glaskugel und sage: Es ist wahrscheinlicher, dass es Antifaschisten und/oder Philosemiten widerfährt, als dass es gute deutsche Hooligans treffen wird, die ja sowieso schon auf dem rechten Wege sind.

P.S. Bitte auch nicht machen: Bei Spielen gegen Israel »Sieg! – Sieg!« rufen. Das »Heil« klingt nämlich immer mit.

Zwischenruf

Aus dem Leben eines Barkeepers: Harmonie

Gast (weiblich): Wie fandste denn den Film über die Comedien Harmonists? Ich fand den super!

Barkeeper: Der hat doch den alltäglichen Antisemitismus der ganz gewöhnlichen Deutschen völlig verharmlost. Auch das diesbezügliche Verhältnis der Mitglieder untereinander wurde beschönigt und die Kollaboration der arischen Mitglieder mit den Nazis weitestgehend verschwiegen.

Gast (weiblich): Aber der Papagei war toll!

78 Alljährlich findet am Braunschweiger Staatstheater die »Themenwoche Interkultur« statt – ein schönes Festival, bei dem viele verschiedene Veranstaltungen stattfinden, in denen sich diverse Künstler in ganz unterschiedlichen Kunstgattungen versuchen. Unter anderem wurde dort im April 2015 ein »I,Slam« veranstaltet. Nun darf man fragen, warum eine kosmopolitische Veranstaltung wie der Poetry Slam mit einem religiösen Vorzeichen versehen wird. Laut Veranstalter deshalb: »(I,Slam) soll jungen, talentierten Muslimen die Möglichkeit geben, gehört zu werden, wenn sie sich zu gesellschaftlichen, politischen oder religiösen Themen äußern, und das in Form von Prosatexten und Gedichten, mit schwarzem Humor, Satire oder aber Dramatik. (...) Dabei sollen die Texte sowohl mit islamischen Werten vereinbar sein als auch Toleranz gegenüber anderen Religionen wahren (...). Die Liebe zum Islam ist hier die treibende Kraft und der Wunsch endlich aus dem Schatten eines negativen Islambildes zu treten und die interkulturelle sowie interreligiöse Verständigung zu fördern das Ziel..«[130] Eine Art Minderheitenförderung also in Verbund mit ein bisschen Multikulti. Damit es klar wird, wie das abzulaufen hat, gibt es natürlich auch ein Regelwerk, in dem wir unter Punkt 5 den Grundsatz »No Verbalism – verbale Attacken jeglicher Art sind zu unterlassen – der islamische Rahmen muss hier gewahrt bleiben.«[131] finden.

Der von einer Teilnehmerin vorgetragene Satz »Es ist kein Krieg, es geht Israel nicht mehr nur um den bloßen Sieg. Es ist Massenvernichtung und Völkermord.«[132] ist demnach keine verbale Attacke, denn er blieb vollkommen unwidersprochen. Das ist kein Wunder, denn wollte man dies kritisieren, müsste man fast der Hälfte der Deutschen den Mund verbieten. Eine repräsentative Umfrage der Friedrich-Ebert-Stiftung im Jahre 2011 über die Zustimmung zu der Behauptung »Israel führt einen Vernichtungskrieg gegen die Palästinenser.«[133], ergab, dass 47,7 % der Deutschen dieser Aussage zustimmen. Massenvernichtung? Der Palästinenser? Durch Israel? Eine absurde Behauptung. Fakt ist, dass mehr Palästinenser durch innerarabische Konflikte gestorben sind als durch israelische Kampfhandlungen. Aber wen interessieren schon Tatsachen, wenn die Vorurteile so schön sind?

Gut, dass es eine linke Opposition in Deutschland gibt, die dem rechten Mainstream widerspricht. Wie zum Beispiel die Neue Antikapitalistische Opposition und das Linke Palästina-Solidaritätsbündnis Berlin, die 2015 zur Nakba-Tag-Demonstration in Neukölln mobilisierten. Die 150 Teilnehmer auf dem Karl-Marx-Platz wollten an die Flucht von Palästinensern nach dem Krieg 1948 erinnern und skandierten dabei so völkerverbindende Parolen wie: **79** »Wir gehen nach Jerusalem – Millionen Märtyrer«[134] und **80** »Mit unserem Blut werden wir Palästina befreien!«[135].

81 Bei so viel palästinensischer Menschenfreundlichkeit wundert es nicht, dass Papst Franziskus den Palästinenserpräsidenten Mahmoud Abbas in Rom mit den Worten »Du bist ein Engel des Friedens«[136] empfing.

82 Auf Landkarten des Nahen Ostens, mit denen man für Palästina-Konferenzen wirbt, wird die Auslöschung des Judenlandes gerne schon mal vorweggenommen, indem der Staat Israel auf ihnen nicht mehr zu sehen ist (ebenso wie in manchen arabischen Schulatlanten). Das gefiel auch dem Rapper Bushido – bekannt geworden durch ein Duett mit dem Schlager-Sänger Karel Gott (»Für immer jung« war Bushidos bisher erfolgreichste Single) – der im Januar 2013 in seinem Twitter-Profil eine ebensolche Karte veröffentlichte (die Palästinenser-Gebiete und Israel waren in Rot-Weiß-Schwarz-Grün eingefärbt), versehen mit dem schlichten Kommentar: »Free Palestine«[137]. Hans-Peter Friedrich (CSU), Bundesminister des Inneren, äußerte sich zu dem Bild folgendermaßen: »Dieses Kartenbild dient nicht dem Frieden, sondern sät Hass. Bushido muss dieses Bild sofort von seiner Twitter-Seite entfernen, andernfalls kann er nicht länger als Beispiel für gelungene Integration dienen.«[138] Gelungene Integration? Tatsächlich wurde Bushido (»Salutiert, steht stramm, ich bin der Leader wie A.«[139]) 2011 der Bambi-Integrationspreis verliehen. Das ist so, als hätte man Adolf Hitler den Friedensnobelpreis verliehen. Oh, für den war er ja sogar mal tatsächlich vorgeschlagen. Auch die israelische Botschaft neigte in diesem Zusammenhang zum Sarkasmus und twitterte: »Erst Frauen, dann Schwule, nun Israel: Wir sind stolz darauf, zu den Opfern des Integrationspreisgewinners Bushido zu gehören.«[140]

83 Habe ich gerade Xavier Naidoo gesagt? Nein? Dann tue ich es jetzt. Denn dieser holperte ja schon vor 15 Jahren sprachlich über christliche Abwege (»Vorbei sind die Zeiten der Vergebung / Vorbei sind die Tage die gezählt / Schafft die Bewegung zum Ziel der Erhebung / Für den der es verwegt«[141]) und ist völlig zu Recht stolzer Träger des »Goldenen Bretts vorm Kopf«, womit er immerhin in der Tradition eines Erich von Däniken (der mit Außerirdischen Kontakt aufgenommen hat), Harald Walach (dem Leiter des Instituts für transkulturelle Gesundheitswissenschaften, das sicherlich genauso seriös ist, wie der Name vermuten lässt) und Ruediger Dahlke (dem der Nachweis gelungen ist, dass es möglich ist, sich von Lichtnahrung zu ernähren) steht. Naidoo, der sich auch schon als Truppenunterhalter der Bundeswehr in Kunduz verdingte, steht diesen Koniferen in nichts nach und textelte daher 2009 auf seinem Album »Alles kann besser werden«: »9/11, London und Madrid, jeder weiß dass Al-Qaida nur die CIA ist. World Trade Center Nr. 7. Warum ist von dem Gebäude nichts mehr übrig geblieben?«[142] Ja, warum eigentlich nicht? Weil: is kaputt, glaub ich.

Zwischenruf

Geiselhaft

Wenn ich mir all die jungen Leute anschaue, die mit Pali-Tüchern herumlaufen (die ja glücklicherweise doch einige Zeit lang aus der Mode waren), frage ich mich, ob die Kids nicht allzu deutliche Symptome des Stockholm-Syndroms zeigen.

Vielleicht kann man diese Riesenlappen nach dem nächsten Bomben-Anschlag wenigstens zum Verbinden stark blutender Wunden benutzen.

84 Wie gut sich »unsere Ausländer« in Deutschland integriert haben, erkennt man auch daran, dass sie sich in fast jeder Hinsicht den hiesigen Gepflogenheiten angepasst haben, weswegen es auch endlich leckeres Schweine-Döner gibt.[143]

Nur in einem scheinbaren Widerspruch dazu steht die Tatsache, dass die hier lebenden türkischen Staatsbürger besonders gerne die konservativ-soft-islamistische Partei AKP wählen. Denn Recep Tayyip Erdogan, der kranke Mann am Bosporus, kennt seine Kälber und weiß, wie er sie zur Schlachtbank beziehungsweise an die Wahlurne bekommt: »Niemand kann euch überhören in der Welt, wenn ihr wählt. Auch nicht diejenigen, die in der EU eine Schweigeminute für Armenier eingelegt haben, können euch ignorieren.«

Ja, in Sachen Massenmord kennen sich sowohl die Türken als auch die Deutschen gut aus. Da wächst zusammen, was zusammen gehört.

85 »Wir brauchen keine Opposition, weil wir sind ja schon Demokraten«[144], soll Franz-Josef Strauß einst gesagt haben (andere schreiben diesen Satz Gerhard Polt zu). Fakt ist, dass diesen Grundsatz deutsche Politiker bis heute zu beherzigen scheinen. Nicht anders ist es zu erklären, dass der Herr Bundespräsident sich nicht entblödet, vor einer rot-rot-grünen Regierung in Thüringen und einem linken (übrigens aus Westdeutschland stammenden) Ministerpräsidenten zu warnen. »Ist die Partei, die da den Ministerpräsidenten stellen wird, tatsächlich schon so weit weg von den Vorstellungen, die die SED einst hatte bei der Unterdrückung der Menschen hier, dass wir ihr voll vertrauen können?«, fragte er rhetorisch gegenüber dem Spiegel. »Menschen, die die DDR erlebt haben und in meinem Alter sind«, fährt er anklagend fort, »die müssen sich schon ganz schön anstrengen, um dies zu akzeptieren.«[145] Dass Demokratie nicht ohne Anstrengung zu haben ist, könnte Herr Gauck natürlich inzwischen wissen, immerhin hat er es zu einer gewissen gesellschaftlichen Stellung in Gesamtdeutschland gebracht. Auch die eisern-wabbelige Kanzlerin Angela Merkel scheint die Vorstellung zu bedrücken, dass es in Deutschland wieder eine kommunistische Diktatur geben könnte, an der die einstige Blockpartei CDU nicht beteiligt ist. »Sie will an die Macht, nicht mehr und nicht weniger«[146], sagt sie, die nie an die Macht wollte und nur aus Versehen Politikerin geworden ist, über die Linken. Einig sind sich die beiden, dass das einfach nicht geht. Das Volk darf nicht einfach wählen, wen es will! Wo kämen wir denn dahin? Der Kommunismus steht also wieder mal vor der Tür! Es drohen Verstaatlichung, Mauerbau (einmal rings um Thüringen rum), Schießbefehl und die Rückkehr der Polytechnischen Oberschule. Das muss verhindert werden! Und so beginnt die gesamtdeutsche Nomenklatura sich auf die Linken einzuschießen.

Glückes Geschick, dass am 9. November 2014 zum 25. Mal der Geburtstag der »Friedlichen Revolution« begangen werden konnte. Zu Feier des Tages lud man Wolf Biermann in den Bundestag ein, der sich dort in die Vorstellung hineinsteigerte, er sei Siegfried, der »Drachentöter«[147], der »die Reste der Drachenbrut«[148] – gemeint waren die Abgeordneten der Linken – doch nicht niederschlagen könne, weil sie schon geschlagen seien. Und weil er kein Rederecht habe! Bundestagspräsident Lammert nutzte dann auch die Gunst der Feierstunde, um Biermann gleich ein Bundestagsmandat anzuraten: »Sobald Sie für den deutschen Bundestag kandidieren und auch gewählt werden, dürfen Sie auch reden.«[149]

Das alles entbehrt nicht einer gewissen Komik, so dass man eigentlich lachen will, jedoch dann doch darauf verzichtet, weil deutlich wird, dass unsere fehlerbehaftete, aber immerhin vorhandene demokratische Grundordnung in Gefahr ist. Wie in anderen Staaten, die nur formal demokratisch sind (Ungarn, Russland, Florida), wird hier die Macht des Staates genutzt, um gegen eine unliebsame Opposition vorzugehen. Gregor Gysi zeigte an diesem Tag angesichts des Debakels wieder einmal wahre Größe – wie übrigens schon zu DDR-Zeiten, als der Rechtsanwalt unter anderem die Bürgerrechtler Robert Havemann, Rudolf Bahro und Bärbel Bohley vertrat sowie die Zulassung des Neuen Forums beantragte – und ignorierte das Gepöbel des Ewiggestrigen und kümmerte sich lieber um die wirklichen Missstände in unserer Gesellschaft: die fehlende soziale Gerechtigkeit.

86 »Gerade wir müssen heute, vielleicht noch mehr als andere, Verantwortung übernehmen für den Erhalt einer friedenserhaltenden Ordnung«[150], sprach der Bundesaußenminister Frank Walter Steinmeier in seiner Berliner Rede am 2. Mai 2015. An diesem Satz können nun zwei Dinge auffallen:
1. »Friedenserhaltende Ordnung« ist ein hübscher Euphemismus für »permanenter Kriegszustand« – so wie das »Ministerium für Frieden« in Orwells »1984« eben das genaue Gegenteil ist. Die bundesdeutsche Außenpolitik war stets eingebunden in das sogenannte »transatlantische Bündnis«, in NATO und EG/EU. In diesem Rahmen führte Deutschland bis 1990 einen »Kalten Krieg« gegen den Ostblock, gegen die realexistierende Systemkonkurrenz. Dieser hatte bekanntlich auch durchaus seine heißen Phasen – nämlich dann, wenn sich der eine oder andere Krisenherd entflammte. An diesen Stellvertreterkriegen war Deutschland niemals direkt beteiligt, unterstützte sie jedoch logistisch, materiell und finanziell – und profitierte von ihnen strategisch, ideell und ökonomisch.

Ab 1990 änderte sich die nunmehr gesamtdeutsche Außenpolitik dahingehend, dass man sich an dem Konkurrenzkampf der kapitalistischen Staaten um Einflusssphären, Absatzmärkte und Rohstoffabbaugebiete beteiligte. Clausewitz' Erkenntnis, dass der Krieg die Fortsetzung der Politik mit anderen Mitteln ist, wird insofern widerlegt, als dass militärische Operationen keine Fortsetzung im Sinne einer Steigerung bedeuten, sondern dass sie zum außenpolitischen Standardprogramm gehören. Deutschland hält sich dabei nur scheinbar zurück – in Wirklichkeit ist es integraler Bestandteil dieses Systems.

Man könnte vielleicht einwenden, dass Kriege in diesen Jahren unvermeidlich sind, weil es nun mal so ist, dass es vor allem im Nahen Osten Staaten und Organisationen gibt, die nur eine Sprache verstehen – die der Gewalt. Der IS und der Iran scheinen für diese Annahme zu sprechen. Allerdings muss man dann auch konstatieren, dass viele Probleme hausgemacht sind. Denn der Westen war es, der die afghanischen Mudschaheddin in den 80er-Jahren unterstützt hat – wider besseren Wissens; denn um zu glauben, dass die reaktionären Freischärler irgendeinen sinnvollen Beitrag zur Emanzipation der Menschheit betragen könnten, musste man schon reichlich verblendet und verblödet gewesen sein.

Nach wie vor halte ich das »westliche Wertesystem« (freedom and democracy) für durchaus unterstützenswert. Ich möchte derzeit nirgendwo anders leben, als in einem Staat, der sich diese beiden Dinge auf die Nationalfahne geschrieben hat. Nur hier kann man – so man denn die ökonomischen Mittel besitzt – ein Leben nach seinem Geschmack führen, ohne von Tugendwächtern und Gotteskriegern daran gehindert zu werden.

2. »Gerade wir«, sagte Steinmeier und meinte: Gerade wir Deutschen. Und das impliziert: Gerade wir Deutschen, die wir aus unserer Geschichte gelernt haben. Eine im Grunde genommen perfide Argumentation. So, als ob ein Serienkiller sich nach der Festnahme und nachdem er ein paar Jahre niemanden ermordet hat, hinstellt und sagt: »Jetzt erkläre ich, wie man sich friedfertig verhält.« Absurd, selbst wenn man davon ausgeht, dass Deutschland tatsächlich geläutert ist. Was man durchaus bezweifeln darf, wenn man bedenkt,

dass die demokratischen Strukturen und liberalen Verhältnisse in diesem Land keineswegs selbst erkämpft und damit verinnerlicht worden (wie dies in Frankreich, Großbritannien und den USA der Fall war), sondern von außen aufoktroyiert worden sind. Die ehemaligen Kriegsgegner waren es, die beschlossen, Deutschland nach dem kläglichen und verhängnisvollen Scheitern der Weimarer Republik eine zweite Chance zu geben. Die das Land immerhin nutzte. Aber eben nicht aus Überzeugung, sondern weil man wieder Mitglied der internationalen Staatengemeinschaft werden wollte – denn nur als solches lässt sich Geld verdienen.

Jetzt jedoch von einer »friedenserhaltenden Ordnung« zu schwatzen, ist eine glatte Lüge, die sich jeden Tag durch einen auch nur flüchtigen Blick in die Zeitung, in die Fernsehnachrichten oder ein Infoportal selbst widerlegt. Es sei denn, man glaubt, dass Krieg Frieden ist und Lüge Wahrheit.

87 Wissenswertes aus Neuschwabenland

Dr. Axel Stoll hat uns verlassen.
Die YouTube-Gemeinde kann's nicht fassen.
Wurde er vom Geheimdienst umgebracht?
Oder hat man ihn nach Neuschwabenland geschafft?
Wer wird nun sagen: »Das muss man wissen!«[151]?
Müssen wir die weiße Fahne hissen?
Oder reicht es aus, was er uns gelehrt?
Denn er hat doch stets die Wahrheit vermehrt.
Ihr wollt Beispiele hör'n, dann schnallt Euch an,
jetzt redet er selbst,
weil nur er's so kann: *Darwin* hat *die Biologie versaut*
und *Einstein* das Haus der *Physik* verbaut.
Was jeder Erdenbürger wissen sollt:
Magie ist Physik durch das, was man wollt!
Die Erde ist hohl, und die *Sonne kalt*
und die *Aldebaraner* sind ziemlich alt.
Der Mond ist übrigens *in deutscher Hand*
und die *Erdkruste* ein löchriges Land.
Ich beherrsch' Englisch *in Wort, Bild und Schrift*.
Nur Ketzer behaupten, das kläng' bekifft.
Die Reptos mag ich persönlich gar *sehr*.
Das *einer Klofrau* zu *erklär'n*, fällt nicht schwer.
Ach, wir werden ihn so sehr vermissen.
Wer wird uns sagen: *Das muss man wissen!*

88 »Nach der Begrüßung durch Herrn Norbert Schittke stellte dieser fest, dass nur ein verschwindend geringer Teil des gesamtdeutschen Reichsvolkes erschienen sei, worauf er die Versammlung schloss und sie kurz darauf erneut eröffnete, womit die Versammlung beschlussfähig war.«[152] Ja, so ist das, wenn einer der vielen legitimen Vertreter der Reichsregierung eine Generalversammlung einberuft. Zu der dann noch nicht einmal alle Bürger kommen. Um die Werbung zu verbessern, schlage ich daher vor, dieses Gedicht zu Werbezwecken zu benutzen:

> Deutschland, Deutschland, noch immer im Krieg.
> Deutschland, Deutschland, wann kommt der Endsieg?
> Deutschland, Deutschland, hör' mein Gewimmer:
> Deutschland, Deutschland, uns gibt's noch immer.
> Deutschland, Deutschland, laut ich es beklag':
> Deutschland, Deutschland ohne Friedensvertrag.
> Deutschland, Deutschland noch immer besetzt.
> Deutschland, Deutschland in Armut versetzt.
> Deutschland, Deutschland, hier hungert das Kind.
> Deutschland, Deutschland, das weiß jedes Rind.
> Deutschland, Deutschland muss lange darben.
> Deutschland, Deutschland, Soldaten starben.
> Deutschland, Deutschland, sie fiel'n nicht friedlich.
> Einen Friedensvertrag, *den* fänden wir niedlich!

Zwischenruf

Islamisten: Religion – ja, mein Gott, was soll ich dazu sagen? Religion ist Opium für das Volk, aber auch Privatsache, da möchte ich mich nicht einmischen. Der eine sacht so, der annere so, der nächste wieder was ganz anneres. Von mir aus kann das jeder mit sich selbst ausmachen. Oder mit seinem Gott. Mir ist das eins.

Ich persönlich halte es ja mit Camus, der sagte: »Entweder ist Gott gut, dann ist er nicht allmächtig; oder aber er ist allmächtig, dann ist er nicht gut.«[153] Aber andere dürfen das auch ganz anders sehen – da habe ich mich nicht so. Weil ich denke, dass die meisten Menschen gleich welcher (oder überhaupt einer) Religion doch das gleiche wollen: Leben, Liebe, Luft und Lust. Und was zu essen und ein Dach über den Kopf. Die meisten wohlgemerkt. Denn natürlich gibt es auch solche, die vor allen Dingen eins wollen: Recht haben. Und dieses Recht wollen sie dann anderen aufzwingen. Zum Beispiel die Scharia.

Es sollte eigentlich klar sein, dass der Islamismus unserer Kultur so diametral gegenübersteht, wie es einst die Nazis taten. Man kann auch sagen: Der Islamismus ist der Faschismus der heutigen Zeit. In diesem Sinne muss man, das sei als Randbemerkung noch gestattet, keine Bombe bedauern, die auf eine Stellung des Islamischen Staats gefallen ist – und keine Kugel, die verhindert, dass Männer massakriert, Frauen vergewaltigt und Kinder versklavt wurden.

Zwischenruf

Und es hat Bumm gemacht

Religion, wie bereits mehrfach erwähnt, interessiert mich nicht. Solange man mich damit in Ruhe lässt, kann ja jeder anbeten, wen oder was er möchte. In Island gibt es angeblich auch Leute, die glauben, dass die Welt von kleinen Elfen und Kobolden bevölkert wird, mit denen man sich arrangieren müsse. Mir soll das recht sein, solange die kleinen Scheißer meine Veggiewurst im Kühlschrank und das Bier im Keller in Ruhe lassen!

Zum Glück leben wir ja in einer Gesellschaft, die sich darauf geeinigt hat, dass sie sich nicht darauf einigen kann, welcher Gott oder welche Göttin gemeinschaftlich angebetet wird. Prajapati, Ometecuhtli, Huitzilopochtli – ich muss mich da nicht entscheiden, sondern kann weiter gottlos durch die Welt laufen, ohne dass mich ein Sittenwächter anhält und mir den Lebensberechtigungsschein entzieht.

Und wir haben hier sogar das Recht, Religion im Allgemeinen und einzelne Religionsgemeinschaften im Besonderen zu kritisieren – und auch zu karikieren. Genauso wie wir das Recht haben, unser Staatsoberhaupt zum Ziel spöttischer Zeichnungen zu machen. Selbst ein Uli Hoeneß – der in besseren Tagen als Präsident von Bayern München weit über dem Bundes-Gauck stand – darf zum Gegenstand von Karikaturen gemacht werden.

Ich denke also nicht, dass eine einzelne Religionsgemeinschaft das Recht hat, sich der Kritik der Komik zu entziehen. Auch wenn die Morde an den Redakteuren und Mitarbeitern der Zeitschrift Charlie Hebdo zeigen, dass das nicht immer unbedingt ungefährlich ist.

Extremisten haben keine rationalen Argumente (und wollen auch keine haben – es geht ja um ihren »Glauben«, welcher als solcher mit Vernunftgründen nicht zu erfassen ist). Sie wollen einerseits verhindern, dass ihre Religion kritisiert wird und andererseits Menschen, denen der Sinn nach Mord und Totschlag steht, auf ihre Seite ziehen. Eine sich selbst erhaltende Gewaltspirale soll auf diese Weise installiert werden. Ein Perpetuum Mobile Mortale sozusagen. Ob das gelingen wird? Das vermag ich nicht zu sagen. Was ich aber ganz sicher weiß, ist, dass Charlie Hebdo lebt, wenn auch viele Redakteure tot sind.

Zwischenruf

Weiße Westen

Selbstmordanschläge haben einen großen Vorteil. Die Attentäter sterben ebenfalls. Man sollte nun meinen, dass irgendwann der Vorrat an Selbstmordattentätern aufgebraucht ist, also Lieferengpässe entstehen. Seltsamerweise ist das nicht der Fall. Es finden sich immer wieder neue Trittbrettfahrer, die richtig heiß darauf sind, nicht nur Unschuldige (am liebsten Unbewaffnete und Wehrlose), sondern auch sich selbst in die Luft zu jagen. Die Forderung der rechtsextremen Politikerin Marine Le Pen, die Todesstrafe wieder einzuführen, scheint mir da nur wenig zielführend zu sein. Das wäre so, als wenn man jemanden, der sich der Korruption verdächtig gemacht hat, mit einer lebenslangen Leibrente belohnt. Obgleich es diesen Fall bei unserem ehemaligen Bundespräsidenten Wulff ja schon gegeben hat.

Wenn ich Attentäter wäre, wozu ich eigentlich keine Ambitionen habe, weil ich an die Macht des Wortes glaube (und manchmal auch an Machtworte), würde ich lieber andere umbringen als mich selbst, um dann anschließend nach Hause zu fahren und mich mit einem Vanilleeis mit frischen Erdbeeren zu belohnen. Allerdings ist ein tödlicher Anschlag ja so etwas Ähnliches wie die Todesstrafe, die ich aus grundsätzlichen Erwägungen heraus ablehne – man könnte auch sagen: aus reiner Prinzipienreiterei.

Selbstmordanschläge haben einen großen Nachteil. Die Attentäter sterben ebenfalls. Das bedeutet, dass sich keiner von ihnen auf die eine oder andere Weise von den Anschlägen distanzieren kann: »Ach, ich finde es doch nicht so gut, den Schulbus in die Luft gejagt zu haben. Ich hätte vielleicht doch lieber ein Altersheim nehmen sollen. Aus demografischen Gründen.« Oder: »Nee, der andere Typ aus der Terrorzelle, mit dem ich mir seit 37 Jahren eine Terroristenzelle teilen muss, schnarcht immer so laut und eklig. Mit dem will ich nichts mehr zu tun haben.« So jedoch sterben die Attentäter immer als Märtyrer mit blütenweißer beziehungsweise blutroter Weste.

Aber mal sehen. Irgendwann geht ja jeder Trend zu Ende. Sogar die vor einiger Zeit noch so beliebten Castingshows – die an Autodestruktivität Selbstmordanschlägen ja nicht unähnlich sind – verlieren inzwischen Zuschauer.

Zwischenruf

Feinkost gegen Rechts

Neulich war mein Schwager mit seiner Familie zu Besuch. Als wir beim Abendessen zusammensaßen, kommentierte seine entzückende Tochter die exzellente (von mir persönlich liebevoll zubereitete) Lasagne mit einem schneidigen »Ich hasse Spinat!« »Spare dir deinen Hass für Nazis auf«, erwiderte ich, »es reicht, wenn du Spinat *nicht magst.*« Irritiert schaute sie mich an – und aß weiter.

Ob sie jetzt tatsächlich Nazis hasst, weiß ich nicht, aber immerhin isst sie nun Spinat. Das andere wird schon noch kommen. Denn so sehr man es sich auch wünscht: Nazis gehören zu Deutschland wie die Warze zu Lemmy. Oder Markus Lanz zum deutschen Fernsehen. Oder Red Bull zum Fußball. Oder der VfL Wolfsburg in die Bundesliga.

Aber bleiben wir beim Thema »Nazis« und »Warzen«. Sie haben eine große Gemeinsamkeit: Sie wachsen nach. Deswegen muss man sie ab und zu herausschneiden. Den größten Einschnitt bei Rechtsextremisten gab es 1945. Da wurden sie auf ein (relativ) ungefährliches Maß zurückgestutzt. Seitdem treffen sich die Reste von ihnen besoffen an Bushaltestellen, wo sie todesmutig zehnjährige Flüchtlingskinder erschrecken oder sie führen in Innenstädten Demonstrationen durch, für die sich niemand außer sie selbst interessiert.

Ignorieren kann man sie nicht, denn sobald man sie laufen lässt, verlassen andere Untote ihre ungepflegten Gräber und schäbigen Eckkneipen und wanken ihnen hinterher. Das ist tatsächlich ein bisschen wie bei Zombies: Wenn man nicht von vornherein dafür sorgt, dass sie isoliert werden, stecken sie andere an, die dann auch wieder die Gegend unsicher machen und andere infizieren. Und irgendwann hat man dann eine ausgemachte Nazizombiearmee vor der Nase, deren Angehörige mit einem oder mehreren ausgestreckten Armen hirntot durch die Straßen marschieren.

Leider ist ja Hellboy – der sympathische, alliierte Superheld aus der Hölle – in einer seiner jüngeren Geschichten eben dorthin zurückgefahren, wo er hergekommen ist. Daher werden wir es nun wohl bis auf Weiteres selber richten müssen und uns immer mal wieder selbst solchen gescheiterten Existenzen entgegenstellen – auch oder vielleicht gerade, wenn sie sich als besorgte Bürger tarnen. Und mit Hilfe von mächtig aufgemotzten und gepimpten Reinigungsfahrzeugen von der Straße fegen. Im übertragenen Sinne natürlich ...

It's a dirty job, but someone got to do it!

Letzte Worte

Ein patriotisches Gedicht

Ich liebe mein Land und seine Leute,
meine aber nicht das hier und heute.
Täusch dich nicht, du hast keine Ahnung.
Das Land, das ich mein, ist noch in Planung.

Literaturverzeichnis

Matthias Matussek: Wir Deutschen,
Frankfurt am Main 2006

Matthias Matussek: Das katholische Abenteuer,
München 2011

Karl Peltzer (Hg.): Das treffende Zitat, Thun o.J.

Akif Pirinçci: Deutschland von Sinnen, Waltrop 2014

Thilo Sarrazin: Der neue Tugendterror, München 2014

Thilo Sarrazin: Deutschland schafft sich ab, München 2010

Kurt Tucholsky: Ein Lesebuch, Stuttgart München o.J.

Quellennachweis

1 https://de.wikipedia.org/wiki/Patriotische_Europ%C3%A4er_gegen_die_Islamisierung_des_Abendlandes#Forderungen

2 http://www.zeit.de/politik/deutschland/2015-02/pegida-legida-demonstration-dresden-leipzig

3 http://www.bild.de/politik/ausland/griechenland-krise/mehr-rente-weniger-steuer-griechen-sind-doppelt-so-reich-wie-wir-deutsche-34537770.bild.html

4 Ebd.

5 Ebd.

6 Ebd.

7 Matussek: Wir Deutschen. S. 16

8 http://www.spiegel.de/spiegel/print/d-13681004.html

9 Ebd.

10 Ebd.

11 Ebd.

12 Matussek: Wir Deutschen, S. 23

13 Matussek, Wir Deutschen, S. 287f

14 Matussek: Wir Deutschen, S. 14

15 Jungle World, Nr. 19 2015. S. 8

16 Jungle World Nr. 21 2015, S. 9

17 Matussek: Wir Deutschen, S. 151

18 Rede am 9. September 2006 während einer CDU-Veranstaltung, https://de.wikipedia.org/wiki/Arnulf_Baring

19 https://de.wikipedia.org/wiki/Martin_Hohmann

20 http://www.deutschlandradiokultur.de/verflucht-bis-ins-vierteglied.1124.de.html?dram:article_id=263977

21 https://de.wikipedia.org/wiki/Du_bist_Deutschland

22 http://de.pluspedia.org/wiki/Gauchogate

23 Ebd.

24 http://www.zeit.de/2013/02/Oper-Wagner/seite-2

25 http://www.mopo.de/news/sonnabend-02-12-2000--15-04-merz-heizt-leitkultur---streit-an,5066732,5987494.html

26 https://www.nachhaltigkeit.info/media/1242988699phpQ26nuT.pdf

27 Braunschweiger Zeitung vom 26. Mai 2015, S. 8

28 Schön, dass hier zwischen »Musik« und »Schlager« unterschieden wird, denn Schlager haben mit Musik so viel zu tun, wie Wrestling mit ehrlichem Kampfsport.

29 Braunschweiger Zeitung vom 26. Mai 2015, S. 8

30 a.a.O., S. 14

31 http://www.magistrix.de/lyrics/512837-mia/Was-Es-Ist-47311.html

32 Ebd.

33 https://de.wikipedia.org/wiki/Rammstein

34 http://www.songtexte.com/songtext/paul-van-dyk/wir-sind-wir-1-bdf5510.html

35 Ebd.

36 http://homepage.o2mail.de/meine-meinung-zu-frei.wild/html/sudtirol.html

37 https://de.wikipedia.org/wiki/S%C3%BCdtirol_%28Lied%29

38 http://www.spiegel.de/kultur/musik/frei-wild-wie-rechts-ist-die-suedtiroler-band-wirklich-a-887594.html

39 https://de.wikipedia.org/wiki/Die_Krupps

40 http://www.magistrix.de/lyrics/Rammstein/Links-2-3-4-31958.html

41 https://de.wikipedia.org/wiki/Rammstein

42 http://www.magistrix.de/lyrics/Rammstein/Mein-Land-1136116.html

43 https://de.wikipedia.org/wiki/Amerika_%28Lied%29

44 Ebd.

45 https://www.woz.ch/-48a

46 http://www.spiegel.de/spiegel/print/d-8939800.html

47 http://www.taz.de/1/archiv/?dig=2004/09/29/a0229

48 Ebd.

49 http://www.bild.de/unterhaltung/musik/charts/zehn-deutsch-kuenstler-in-den-alben-top-10-41468120.bild.html

50 Pirinçci, 157

51 a.a.O., 173

52 a.a.O., 158

53 a.a.O., 175

54 a.a.O., 161

55 a.a.O., 179

56 http://www.spiegel.de/fotostrecke/durch-die-zeit-mit-tagesschau-sprechern-fotostrecke-110210-12.html

57 Matussek, Abenteuer, 46

58 a.a.O., S. 50

59 a.a.O., S. 52

60 a.a.O., S. 53 (?)

61 a.a.O., S. 53 (?)

62 a.a.O., S. 237

63 Ein Beispiel: 1980 wurde ein Priester, der des sexuellen Missbrauchs verdächtigt wurde, von Essen nach München versetzt. Und wo arbeitete der Herr Kaplan? Natürlich in der Seelsorge. Und zwar in der Erzdiözese München und Freising, dessen Erzbischof der spätere Papst Benedikt XVI. war.

64 https://de.wikipedia.org/wiki/Wir_sind_Papst!

65 http://diepresse.com/home/panorama/welt/304122/PapstRede-beleidigend-und-beaengstigend

66 https://de.wikipedia.org/wiki/Benedikt_XVI.

67 Ebd.

68 https://de.wikipedia.org/wiki/Wir_sind_Papst!

69 http://www.sueddeutsche.de/panorama/papst-franziskus-man-darf-sich-nicht-ueber-den-glauben-der-anderen-lustig-machen-1.2306819

70 http://www.spiegel.de/panorama/gesellschaft/papst-katholiken-sollen-sich-nicht-wie-karnickel-vermehren-a-1013845.html

71 Quellenangabe: Irgend so eine Plapperbude bei Facebook

72 http://www.faz.net/aktuell/feuilleton/buecher/autoren/lewitsch-aroff-ueber-kuenstliche-befruchtung-halb-mensch-halb-kuenstliches-weissnichtwas-12834554.html

73 http://www.spiegel.de/kultur/gesellschaft/muetter-unter-hitler-herman-widerspricht-sich-selbst-a-508095.html

74 Jungle World Nr. 25 2015, S. 7

75 Sarrazin: Deutschland, S. 2

76 http://www.welt.de/politik/deutschland/article106347417/Sarrazin-haelt-Griechen-Rettung-fuer-Holocaust-Suehne.html

77 Jungle World Nr. 29 2015, S. 6

78 https://de.wikipedia.org/wiki/Panzerlied

79 Jungle World Nr. 29 2015, S. 17

80 Jungle World Nr. 29 2015, S. 6

81 Ebd.

82 https://de.wikipedia.org/wiki/Der_achtzehnte_Brumaire_des_Louis_Bonaparte

83 http://www.taz.de/!5029111/

84 https://de.wikipedia.org/wiki/Patriotische_Europ%C3%A4er_gegen_die_Islamisierung_des_Abendlandes#Pegida_in_Dresden

85 Ebd.

86 https://de.wikipedia.org/wiki/Lutz_Bachmann#Pegida

87 Ebd.

88 nach Kurt Tucholsky: Bürgerliches Zeitalter, Lesebuch, S. 44

89 https://de.wikipedia.org/wiki/Kathrin_Oertel

90 Ebd.

91 Ebd.

92 nach Kurt Tucholsky: Vor acht Jahren, Lesebuch. S. 89

93 Konkret, Nr. 2 2015, S. 14

94 a.a.O., S. 15

95 Ebd.

96 Jungle World Nr. 28 2015, S. 19

97 Jungle World Nr. 21 2015, S. 19

98 Konkret Nr. 2, 2015, S. 14

99 http://www.stern.de/politik/deutschland/pegida-frontmann-lutz-bachmann--der-vorbestrafte-und-seine-wutbuerger---schlag-12--der-mittagskommentar-aus-berlin-3258260.html

100 Konkret Nr. 2, 2015, S. 15

101 a.a.O., S. 13

102 Ebd.

103 http://www.spiegel.de/politik/deutschland/pegida-die-erste-demo-in-dresden-nach-dem-terror-in-paris-a-1012653.html

104 Jungle World, Nr. 23 2015, S. 17

105 http://www.n-tv.de/politik/Beamte-funken-Goebbels-Zitat-vor-G7-article15292821.html

106 Pirinçci, S. 51

107 Ebd., S. 64

108 Ebd., S. 66

109 http://Dekompression/home/kultur/literatur/1588315/Eingeburtiger-Turke-der-heiliges-Deutschland-sagt

110 http://www.taz.de/!5058741/

111 Ebd.

112 http://www.jurblog.de/2008/01/16/polizei-ohne-politisches-verstaendnis-kein-rechtsextremismus/

113 https://de.wikipedia.org/wiki/Autonome_Nationalisten#/media/File:Autonome_Nationalisten-Schwarzer_Block.jpg

114 Jungle World Nr. 27 2015, S. 19

115 Peltzer, S. 681

116 Ebd.

117 http://www.sueddeutsche.de/kultur/gedicht-zum-konflikt-zwischen-israel-und-iran-was-gesagt-werden-muss-1.1325809

118 alle Zitate aus diesem Abschnitt aus: https://de.wikipedia.org/wiki/Was_gesagt_werden_muss

119 http://www.spiegel.de/kultur/literatur/guenter-grass-was-gesagt-werden-muss-interview-in-den-tagesthemen-a-826045.html

120 https://de.wikipedia.org/wiki/Martin_Hohmann#Der_Anlass

121 https://de.wikipedia.org/wiki/Henry_Ford#Publizistische_T.C3.A4tigkeit_und_Antisemitismus

122 https://de.wikipedia.org/wiki/Martin_Hohmann#Der_Anlass

123 Ebd.

124 Ebd.

125 Ebd.

126 Ebd.

127 https://de.wikipedia.org/wiki/Alexander_Gauland

128 Jungle World Nr. 27. Supplement Dschungel S. 17

129 Alle Zitate: Jungle World N.r 19, Supplement Dschungel S. 17

130 http://www.i-slam.de/index.php/company/alles-begann-mit-einem-wort

131 Ebd.

132 Braunschweiger Zeitung vom 20. April 2015, S. 9

133 Jungle World vom 7. Mai 2015

134 http://jungle-world.com/artikel/2015/21/51999.html

135 Ebd.

136 Jungle World vom 21. Mai 2015

137 http://www.spiegel.de/kultur/gesellschaft/bushido-saet-hass-laut-innenminister-friedrich-israel-twittert-zurueck-a-877384.html

138 http://www.israelnetz.com/nachrichten/detailansicht/aktuell/rapper-bushido-aerger-wegen-nahost-karte-21837/?print=1

139 http://www.sueddeutsche.de/kultur/musik-als-politplattform-rechts-auch-nur-ein-image-1.438297

140 https://twitter.com/israelingermany/status/290173634369187840

141 http://www.zion-144.de/index.php?pago=lyrics&id=52

142 http://www.kotzendes-einhorn.de/blog/2014-08/xavier-naidoo-gott-armageddon-und-die-verschwoerungen/

143 Jungle World Nr. 20 2015, S. 17

144 http://www.sueddeutsche.de/bayern/tatsachen-ueber-bayern-yes-mia-kennan-1.989730-13

145 http://www.fr-online.de/politik/bundespraesident-joachim-gauck-linke-thueringen-ramelow-gauck-hat-bedenken-bei-ramelow,1472596,28916528.html

146 http://www.spiegel.de/politik/deutschland/thueringen-merkel-kritisiert-spd-fuer-rot-rot-gruen-a-1001050.html

147 http://www.bundestag.de/dokumente/protokolle/vorlaeufig/18064/339454

148 ebd.

149 ebd.

150 Jungle World Nr. 19 2015, S. 3

151 alle Zitate in diesem Text nach: http://www.lokaltermin.eu/stoll-zitate

152 https://de.wikipedia.org/wiki/Reichsb%C3%BCrgerbewegung

153 http://www.zitate-online.de/literaturzitate/allgemein/17451/nur-religion-macht-ein-volk-wo-die-menschen.html

Die angegebenen Internetseiten wurden zwischen Januar und Juni 2015 aufgerufen.

Foto: Harald Duin

AXEL KLINGENBERG lebt als »schnoddriger Heimatschriftsteller« (Braunschweiger Zeitung), »Kult-Autor« (Subway) und reisender Reporter in Braunschweig und dem Rest Europas. Er schreibt Bücher über Fußball (Eintracht Braunschweig) und Musik (Punk) sowie über die schönsten Landschaften (Harz) und großartigsten Städte (Amsterdam) der Welt. Mit den Leseensembles »Read Em All« und »Blau-Gelb-Sucht« sowie dem interkulturellen Schreibprojekt »#LoewenMaul« steht (beziehungsweise sitzt) er regelmäßig auf der Bühne.

Der Autor bedankt sich bei Antje Kämpfe, Manja Oelze, Andreas Reiffer und Frank »Oberlehrer« Schäfer für Unterstützung und Kritik. Sowie bei Karsten Weyershausen für den Hampelmann.

Ronald R. Klein und Stefan van Zwoll (Hg.)
Schimmel über Berlin

Literatur | Gespräche | Visual Art

»Es war ein großartiger Ort für Künstler, frei von Parkplatzproblemen.«
Iggy Pop

»Sie ist für mich die offenste, erfreulichste und zukunftsorientierteste Stadt der Welt, weil sie irgendwie eine menschliche Stadt ist.«
Dieter Meier

»Ich war damals noch klein in den Achtzigern. Friedrichshain war ruhig, soweit ich mich erinnere. `N ruhiger Arbeiterbezirk. Noch mit Pferdefuhrwerken und Kohlenträgern.«
Alexander Scheer

Klein/van Zwoll (Hg.): Schimmel über Berlin
Klappenbroschur, zahlreiche (teilweise farbige) Abbildungen, 304 S.
ISBN 978-3-934896-87-1

   www.verlag-reiffer.de

Marcel Pollex
In höflicher Ablehnung

»Pollex mag die Welt nicht. Besonders nicht die zivilisatorischen Errungenschaften. Das stinkt ihm, und seinem Unmut macht er Luft, indem er genau diese Dinge lächerlich macht und sie in ihrer eigenen Suppe so zerkocht, dass ihre Ingredienzen nicht mehr verleugnen können, wie grotesk sie tatsächlich sind. Daraus ergibt sich ein Schreibstil, mit dem Pollex das Absurde spiegelt; aus dem wiederum schöpft er den nötigen Humor, mit dem man den ganzen lächerlichen Kram nur ertragen kann.« *Matthias Bosenick*

Marcel Pollex: In höflicher Ablehnung
Klappenbroschur inkl. Hörbuch (Download-Code), 92 S.
ISBN 978-3-945715-24-6

   www.verlag-reiffer.de